FISH! TALES

Stephen C. Lundin, John Christensen,
Harry Paul et Philip Strand

Histoires authentiques
pour vous aider à transformer
votre cadre de travail et votre vie

Traduit de l'anglais (États-Unis) par Emmanuelle Farhi

DES MÊMES AUTEURS

chez le même éditeur

Fish !

7-13 bd Paul-Émile Victor - Île de la Jatte
92521 Neuilly-sur-Seine Cedex

INTRODUCTION

Ces dernières années, un singulier groupe de commerçants du marché aux poissons de Pike Place à Seattle nous a incités à envisager de nouvelles façons d'appréhender notre vie personnelle et professionnelle. Comme l'écrivait le poète David Whyte, nous avons découvert des méthodes pour que « notre travail devienne une récompense en soi, et non plus seulement une façon d'obtenir des récompenses. » Nous avons aussi appris à profiter pleinement de notre passage sur cette terre, à embellir chaque instant de notre existence.

C'est dans un premier livre, intitulé *Fish !*, qu'ont été développés les quatre principes inhérents à cette philosophie : « Jouer », « Illuminer leur journée », « Être présent » et « Choisir son attitude ». Adopter une telle approche conduit à établir une atmosphère de travail satisfaisante et enrichissante, entraînant des répercussions positives sur les collaborateurs internes et les interlocuteurs externes.

Le message du présent ouvrage peut être exprimé en quelques mots : l'accession à une vie plus épanouissante et plus gratifiante dépend de choix assez simples. Les quatre premiers chapitres relatent des situations authentiques, illustrant chacun des quatre principes, sans pour autant faire abstraction des autres. En effet, on ne peut, par exemple, appliquer l'idée de

« Jouer » qu'au sein d'une approche englobant les notions d'« Illuminer leur journée », d'« Être présent » et de « Choisir son attitude ». Car seul un contexte positif global permet à la magie d'opérer.

À la fin de chaque section figurent également de petites anecdotes – réunies sous l'appellation « Menus fretins » – qui illustrent notre propos et que l'on peut parcourir au hasard.

Nous espérons que toutes ces histoires vécues vous inspireront, et que vous mettrez en pratique, dans votre quotidien, les douze semaines d'activités de transformation proposées en conclusion.

Au fil de ces pages, Steve Lundin, en qualité de principal narrateur, vous présentera son point de vue. Quant aux autres auteurs, ils ont contribué à ce livre de diverses manières : Phil Strand a rédigé les « Menus fretins » ; John Christensen et Harry Paul ont enrichi nos réflexions au travers de leur expérience et de leurs précieuses idées.

Et maintenant, mettons *Fish !* en action.

Les fondements de Fish !

John Christensen et moi-même, chacun à sa manière, nous nous sommes toujours intéressés aux possibilités d'améliorer le monde du travail. Adolescent, j'ai été, six étés d'affilée, moniteur dans une colonie de vacances pour enfants handicapés. Après avoir passé des années à pester contre le monde « réel », je me suis aperçu que Camp Courage était l'un des cadres professionnels le plus joyeux que j'aie connu. Alors, je me suis demandé pourquoi des entreprises constituées de personnes bien portantes se révélaient souvent si moroses.

John, de son côté, a apporté sa vision d'artiste et d'individu engagé dans le secteur social. Il se montrait extrêmement curieux chaque fois qu'il découvrait un environnement dégageant une atmosphère dynamique et enthousiaste. Il arrivait au bureau et me parlait d'un cordonnier passionné par son métier ou d'un magasin de meubles à la convivialité débordante. Nous nous sommes donc rendu compte que nous recherchions tous deux un moyen d'inspirer aux gens une vision plus positive du travail, étant donné qu'il s'agit du domaine auquel nous consacrons la majeure partie de notre temps.

En 1997, John et moi sommes allés à Seattle pour tourner un film dans la petite ville de Langley, sur Whidbey Island. Nous y avons interviewé le poète David Whyte, célèbre pour son investissement dans les entreprises pour améliorer la motivation des employés. Au cours de nos conversations à ce sujet, il a notamment cité les paroles d'un de ses amis : « L'antidote à l'épuisement n'est pas nécessairement le repos, mais plutôt le choix de s'impliquer à fond dans ce qu'on fait. Ce qui nous exténue, ce sont les activités dans lesquelles nous ne nous engageons qu'à moitié. »

Il s'est aussi rappelé un entretien radiophonique où on lui avait demandé comment il vivait ses interventions au sein des sociétés. Il avait alors répondu : « Parfois, je trouve cela tout simplement fantastique ; parfois, j'ai l'impression de visiter une population carcérale. » Avant d'ajouter : « Cela ne signifie pas que les entreprises soient des prisons. Mais il arrive que, par notre attitude, nous les transformions en véritables bagnes. »

Ce moment en compagnie de David nous a réjouis jusqu'au plus profond de l'âme. En quittant les lieux, nous disposions d'éléments plus concrets pour définir notre conception d'un lieu de travail « idéal », jusque-là théorique.

Au retour, nous avons dormi à Seattle, car je devais prendre l'avion le lendemain matin. John, quant à lui, ne repartait que dans la soirée. Il a alors interrogé la concierge de l'hôtel sur les endroits pittoresques à visiter et elle lui a suggéré le marché de Pike Place. Comme cette idée lui paraissait attrayante, il a suivi son conseil.

En arrivant sur place, John entendit des rires et des cris. Tel un enfant irrésistiblement attiré par le joueur de flûteau, il se dirigea vers le coin d'où venaient ces clameurs pour rejoindre une foule enthousiaste. Quand tout le monde se dispersa, il put enfin identifier la source de toute cette agitation. Il s'agissait du mondialement célèbre Pike Place Fish Market.

Si vous y êtes jamais allé, vous savez sans doute qu'à chaque commande, les marchands lancent les poissons à leurs collègues qui les emballent, exécutant toutes sortes de facéties pour le plus grand plaisir des passants. Ils invitent même parfois certains de ces derniers à passer derrière l'étal pour tenter de rattraper la marchandise.

Malgré la fébrilité et le vacarme ambiants, lorsqu'un vendeur servait un client, on aurait dit qu'ils étaient tous deux seuls au monde. Partout, les employés comme les chalands souriaient, plaisantaient et communiquaient entre eux. Et les caisses enregistreuses ne cessaient de sonner.

Fasciné, John contempla ce spectacle durant plus d'une heure. Soudain, un des marchands l'interrompit dans son extase.

– Bonjour ! lança-t-il. Je m'appelle Shawn.

Il avait des cheveux roux, des yeux espiègles et un visage rayonnant de bonne humeur.

– Qu'est-ce qui se passe ici ? demanda John.

– Vous avez déjà déjeuné ? répliqua l'autre.

– Oui, répondit John, ne comprenant pas où il voulait en venir.

– Et comment était le service ?

Mon ami haussa les épaules.

– Correct, il me semble.

– Vous avez eu un vrai échange avec le serveur ?

Un vrai échange ? Que veut-il dire ? songea John.

Le regard de son interlocuteur se riva dans le sien.

– Vous voyez, maintenant, c'est notre moment, à vous et à moi. Et je veux que cela se passe en toute amitié.

John commençait à comprendre. Un groupe de poissonniers – loin d'être des professeurs ou des gourous – étaient en train de lui démontrer comment insuffler plus de plaisir, de passion, de concentration et d'investissement dans le travail.

Tandis qu'il continuait d'observer, un incident attira son attention. L'un des marchands avait attaché une écrevisse au pantalon d'un garçonnet. Celui-ci, interloqué, se mit à pleurer. Alors, l'employé se dirigea, à genoux, vers l'enfant, qui s'agrippait aux jupons de sa mère, et lui demanda pardon avant de le serrer dans ses bras. Il avait certes présumé du courage de ce bambin, mais s'était rattrapé de façon magistrale à en croire le sourire immédiat du gamin.

John se souvint alors du jour où, la semaine précédente, il avait emmené sa fille chez le médecin, en raison de troubles respiratoires dû à son asthme. Ils s'étaient présentés au secrétariat et, face à la petite tout essoufflée, une femme indifférente avait posé une kyrielle de questions glaciales, saisissant les réponses sur l'ordinateur sans lever les yeux de son écran, avant d'aboyer : « Allez vous asseoir ! »

Finalement, ils entendirent un appel venant de l'entrée : « Kelsey Christensen ! » L'infirmière regarda à peine la jeune patiente et lui tapota la tête avec son stylo. Puis elle s'orienta vers un couloir, tandis que John et la fillette trottinaient derrière elle pour la suivre. Elle s'arrêta enfin devant une porte qu'elle pointa du doigt, sans même prendre la peine de se retourner vers eux.

À présent, John regardait le garçon au marché, qui riait en tenant l'écrevisse dans sa main. *Pourquoi un poissonnier traiterait-il un enfant apeuré avec plus d'égards qu'un professionnel de la santé ?* se demanda-t-il.

Désormais, il savait qu'il voulait capturer ces images pour en faire un film. Son intuition lui soufflait qu'il serait difficile de voir ces hommes se dévouer corps et âme à leur travail sans tomber sous le charme et se laisser séduire par leur exemple. Mais, subitement, un doute le saisit. Et s'ils refusaient de se prêter au jeu ? Deux heures plus tard, il était parvenu à rassembler ses idées et alla trouver le propriétaire des lieux. Il se présenta comme un cinéaste et, avant même d'exposer son projet, il fut coupé par son interlocuteur :

– Que faisiez-vous donc tout ce temps ? Nous vous attendions !

Bientôt, nos caméras étaient installées dans le marché. Après avoir visionné des kilomètres de pellicule, nous en arrivâmes au constat que les poissonniers avaient créé un environnement aussi riche et haut en couleur en recourant à quelques règles de base, simples mais puissantes, que nous pouvions tous appliquer. Nous avons donc résumé leur approche en un concept que nous appelons la Fish ! philosophie. Et dans un documentaire intitulé *Fish !*, nous avons développé quatre de ces principes, c'est-à-dire :

JOUER – *Le travail envisagé de façon ludique s'accomplit plus aisément, particulièrement lorsque nous décidons d'effectuer des tâches sérieuses avec entrain et spontanéité. Le jeu n'est pas seulement une activité, mais un état d'esprit qui instille une nouvelle énergie à notre ouvrage et inspire des solutions créatives.*

ILLUMINER LEUR JOURNÉE – *En illuminant la journée de quelqu'un, ne serait-ce qu'un instant, au travers d'un geste attentionné ou d'un échange sincère, nous pouvons faire qu'une rencontre anodine devienne un souvenir inoubliable.*

ÊTRE PRÉSENT – *Le ciment de notre humanité réside dans le choix d'être pleinement présent avec autrui. C'est aussi un moyen de se donner à fond et de lutter contre la lassitude. Car nous nous fatiguons lorsque nous nous consacrons à une tâche tout en pensant à autre chose.*

CHOISIR SON ATTITUDE – *Si nous nous focalisons sur le pire, nous ne manquerons pas de le trouver. En revanche, quand nous utilisons notre capacité à décider de nos réactions face aux circonstances, nous pouvons dès lors rechercher le meilleur et découvrir des opportunités que nous n'aurions jamais imaginées possibles. Lorsque notre comportement ne correspond pas à nos souhaits, nous pouvons choisir de le modifier.*

Un an après la réalisation de cette vidéo, nous avons publié un ouvrage, également intitulé *Fish !* Ce livre racontait le quotidien d'un service imaginaire, où les employés étaient tellement déconnectés de leur travail que leur département était surnommé « le marigot d'énergie toxique ». Nous montrions ainsi comment l'exemple du marché aux poissons pouvait s'appliquer aux entreprises.

Au cours des années qui suivirent, notre approche se répandit au sein des firmes du monde entier. Les gens inventèrent de nouvelles façons de mieux vivre au bureau. La passion, l'énergie et la fiabilité découlant de ce changement provoquèrent une amélioration surprenante des résultats commerciaux. Certains partagèrent leurs expériences avec nous et, grâce à leurs témoignages, notre analyse s'élargit et s'approfondit.

Nombre de ces anecdotes sont relatées dans ces pages. Ceux qui les ont vécues ne sont pas différents de vous et moi. Ce qui les rend exceptionnels, c'est leur décision de mener une existence plus pleine, plus gaie, plus responsable. Et il s'agit là d'un choix qui les anime sans cesse, jour après jour.

Chapitre 1 - Jouer

Le jeu n'est pas seulement une activité, mais un état d'esprit qui insuffle une nouvelle énergie et fait jaillir la créativité.

Nous avons tous entendu cela dans la cour de l'école : « Allez, les enfants ! Fini de jouer, c'est l'heure de travailler ! »Très tôt dans l'existence, on nous apprend que le jeu et le travail sont deux choses bien distinctes. Pourtant, un cadre professionnel viable, humain, requiert une certaine dose d'amusement ou de légèreté. Nous avons eu beau chercher, nous n'avons trouvé aucune exception à cette règle.

Un environnement novateur demande encore plus de « jeu ». Apparemment, la mentalité « business » de A à Z peut paraître plus efficace, mais elle restreint la capacité de l'individu à inventer de nouvelles solutions. La liberté inhérente à l'esprit ludique, c'est-à-dire celle d'emprunter des chemins moins orthodoxes, génère la créativité et aiguise l'esprit et le moral des personnes impliquées. Une entreprise qui autorise un individu à porter une cravate fantaisiste ou à rire aux éclats sans craindre le jugement d'autrui encourage aussi à envisager des idées inédites et à repousser les frontières du possible. La créativité devient alors une forme adulte du « faire semblant » (« Et si on agissait comme si… ? »).

Les poissonniers savent à quel point le jeu stimule l'imagination. Jadis, quand un client choisissait un poisson, ils devaient faire le tour du présentoir pour aller le chercher, puis retourner au comptoir pour l'emballer, et enfin se rendre jusqu'à la caisse pour le paiement. Un jour, ils changèrent de méthode. L'un des employés lança un saumon à travers l'étal à l'un de ses collègues. Et ce fut la révélation. Non seulement ils venaient de créer une sorte de spectacle, mais, de surcroît, ils devenaient plus productifs en éliminant tous ces allers-retours.

Malgré les bienfaits d'une ambiance plus divertissante, il est étonnant de constater la frilosité qu'elle inspire chez les managers. Ainsi, un cadre d'une grande chaîne de restauration rapide s'exclama :

– Quoi ! Vous voulez dire à trois cent mille adolescents qu'ils ont le droit de s'amuser !

Il visualisait sans doute une immense bataille de frites…

En réalité, cette crainte repose en grande partie sur une compréhension assez floue de la notion de jeu. Les personnes séduites par l'atmosphère joyeuse régnant au Pike Place Fish Market n'imaginent souvent pas la transposer sur leur propre lieu de travail.

– Que peut-on bien se lancer au bureau ?

Les poissonniers possèdent la réponse à cette question.

– Il existe des millions de façons de jouer, affirment-ils. Et cela ne consiste pas exclusivement à échanger des passes !

Des chercheurs, des enseignants, des ingénieurs trouveront bien d'autres manières de s'amuser. C'est là toute l'idée. Cela ne se limite pas à des jeux de société ou des jouets. L'essentiel est ce sentiment de gaieté qui jaillit du cœur des gens quand ils sont mus par l'enthousiasme, le dévouement et l'absence de crainte.

Une réunion budgétaire réussie et efficace peut susciter le même plaisir qu'un pique-nique.

Envoyez-moi votre manuel technique sur le jeu

Environ trois semaines avant une intervention que nous devions effectuer dans une société pour présenter la *Fish !* philosophie, nous avons reçu un appel assez singulier.

– Cinquante-sept équipes commerciales assisteront à cette réunion et nous désirons que nos employés s'amusent davantage au travail. Pourriez-vous donc nous envoyer vos objectifs concernant le jeu ? À moins que vous ne disposiez d'un manuel explicatif à ce sujet ?

Au début, je crus que mon interlocuteur plaisantait. Imaginons trente secondes que nous disions à nos enfants d'aller jouer dehors et qu'ils nous demandent : « D'accord ! Quels sont les objectifs ? » Pourtant l'individu en question ne voyait pas l'absurdité de sa requête. Il souhaitait des résultats fixés et déterminés. Comment pouvais-je l'aider à mieux comprendre ?

– Et si je vous concoctais une arborescence ?

– Impeccable, du moment que cela me permet de mieux cerner les choses.

Alors, je lui ai fait parvenir un tableau en plusieurs volets, rempli de traits, de points, de symboles divers, sans aucun mot. En découvrant ce document insolite, il saisit immédiatement le message. On n'instaure pas le jeu au sein de cinquante-sept départements comme on développerait un nouveau système comptable. L'esprit ludique vient de l'intérieur. Il ne peut donc qu'être encouragé et non pas mis en application tel un programme informatique. Il nécessite une réflexion collective de l'équipe quant aux buts visés.

Au final, cette séance se déroula à merveille et les plus inquiets de prime abord se révélèrent les plus réceptifs.

L'idée de jeu requiert aussi la confiance. On aura beau s'efforcer de reproduire l'exemple des poissonniers, dès lors que les collègues ne partagent pas le même dévouement et la même loyauté, cela ne donnera rien de valable. La mentalité ludique ne jaillira pas d'un contexte où le premier objectif fixé aux employés est le zéro défaut plutôt que l'efficacité. Dans ce type d'environnement, le jeu peut exister, mais il se fera en cachette ou comme une forme de rébellion (« Vingt-deux, v'là le boss ! Planquez sa photo et les fléchettes ! »)

En revanche, dans un cadre sain, où les gens se sentent libres de se passionner pour leur travail et de coopérer avec leurs partenaires, la fantaisie s'exprimera spontanément. Si l'on respecte les principes d'« être présent », d'« illuminer leur journée » et de « choisir son attitude », le fait de « jouer » sera intégré de manière appropriée et productive.

L'exemple suivant traite de la façon dont le jeu a apporté un vent de fraîcheur dans une atmosphère un peu trop étouffante. À mesure que les managers et les subordonnés parvinrent à établir un climat de confiance et de fiabilité, ils purent jouer ensemble, ce qui contribua à remonter le moral des troupes et à augmenter les bénéfices de l'entreprise.

Une société qui joue le jeu de la communication : Sprint Global Connection Services

C'est une journée ordinaire au centre d'appel de Sprint Global Connection Services à Lenexa, dans le Kansas. Pourtant, les opérateurs semblent tous sous le choc. Quelqu'un aurait aperçu Elvis dans le parking.

En effet, une limousine s'arrête sous les fenêtres du bâtiment. Les employés retiennent leur souffle. Mais oui ! c'est vraiment le King ! Soudain, deux midinettes en socquettes, jupes bouffantes et mises en plis délirantes se précipitent sur la star et s'accrochent à ses vêtements.

Dans les bureaux, l'émotion est telle que certains en pleurent… de rire ! Car le chanteur ressemble à s'y méprendre à Don Freeman et l'une des fans, à Mary Hogan, directeurs respectifs des succursales de Phoenix et de Lenexa.

Lori Lockhart, D.G. de la société, secoue la tête en signe d'effarement. Qui aurait pensé, quelques années auparavant, que des managers arriveraient pour une réunion accoutrés ainsi ? Les employés du service clientèle ne perdent pas une miette de ce spectacle et bien que leurs interlocuteurs, à l'autre bout de la ligne, ne connaissent pas la raison de leur hilarité, ils perçoivent l'enthousiasme et le dynamisme régnant dans les locaux.

Tandis qu'Elvis pénètre dans le hall d'entrée, des haut-parleurs diffusent les premières notes de la chanson *You ain't nothing but a hound dog.* Lori redoute d'entendre Don chanter, mais ce dernier se contente d'un play-back. Et une fois qu'il sort de l'immeuble, elle parvient à peine à bredouiller :

– Merci. Merci beaucoup.

Rester connecté

Sprint Global Connection Services aide ses clients à se connecter dans le monde entier. Cette filiale de la grande société de télécommunications Sprint (qui compte plus de quatre-vingt mille salariés) emploie mille personnes dans sept centres d'appels répartis aux États-Unis et fournit un certain nombre de services, parmi lesquels l'assistance, les renseignements, les cartes téléphoniques, le suivi des abonnés.

Voici cinq ans, Lori nourrissait bien d'autres inquiétudes que l'intrusion d'Elvis dans ses locaux. Son entreprise souffrait de démissions permanentes au sein de son effectif.

– Le turnover était devenu un problème majeur dans notre secteur, qui était déjà très compétitif, explique-t-elle. Nous savions que si les gens n'évoluaient pas dans un environnement stimulant, ils iraient ailleurs.

À première vue, le qualificatif « stimulant » ne correspond pas vraiment au travail journalier d'un opérateur, qui se résume souvent à saisir des données. Les employés reçoivent entre cinq cents et huit cents appels par jour, chacun durant en moyenne trente à trente-cinq secondes.

– Ils effectuent leur travail si rapidement que cela devient comme une seconde nature, raconte Mary Hogan. Ils reçoivent en permanence les mêmes requêtes et l'ennui peut vite s'installer si l'on n'y prend garde.

Comment aider des individus à rester concentrés avec une telle activité ? En 1997, les dirigeants de Sprint envisagèrent la solution d'une réglementation draconienne.

– Dans un contexte de stress et de concurrence, on a tendance à manager par le contrôle plutôt qu'en laissant les gens exécuter tranquillement leurs tâches, dit Lori.

C'est ainsi que furent instaurées toutes sortes de normes.

– Nous avons passé des heures interminables en réunion à discuter du code vestimentaire, se rappelle Mary. Quelle est la longueur acceptable pour une mini-jupe ? Les femmes doivent-elles porter des collants ? Autorisons-nous les jeans de couleur ?

– Nous avions l'impression de faire la police, commente Lori. Au lieu de trouver de nouveaux moyens de gagner de l'argent, nous passions notre temps à surveiller tout le monde.

Et plus les managers réglementaient, plus les employés résistaient. Comme le rapporte Lori :

– Les réunions avec l'équipe se limitaient à pinailler sur tous ces détails. *Pourquoi ne puis-je pas m'asseoir en tailleur sur mon siège ? Pourquoi ne puis-je pas porter des jeans le mardi ?* J'étais critiquée par les agents pour des interdits qui rendaient leur environnement plus inconfortable.

Les cadres aussi souffraient de cette pression.

– Cela faisait longtemps que nous fonctionnions de cette façon, explique Mary, qui exerce dans ce secteur depuis 1964. Nous savions qu'un changement était nécessaire. Mais nous ignorions comment nous y prendre.

À l'automne 1997, Lori et ses homologues dirigeants assistèrent à une conférence sur le leadership au sein de la compagnie Sprint, pendant laquelle l'oratrice les incita à dénicher, en chaque employé, son « potentiel de rayonnement ». Cinq minutes après avoir commencé son discours, elle s'écria :

– Oh ! mon Dieu. J'ai oublié quelque chose !

Elle se baissa pour farfouiller derrière le podium et reparut coiffée d'un chapeau en forme d'avion, qu'elle arbora jusqu'à la fin de son intervention. Soudain, toute l'assistance saisit le message : il était temps de devenir plus léger.

Le saut de la confiance

Lori et son équipe commencèrent à imaginer à quoi ressemblerait un lieu de travail où les gens s'amuseraient tout en se dévouant à leur tâche. À l'issue de leurs diverses discussions fut rédigée la profession de foi suivante :

> Nous sommes fiers d'être une communauté solidaire, un environnement prodigue en encouragements, qui soutient le changement, les valeurs et la diversité et tire les leçons de ses expériences. Nous grandissons à partir d'idées créatives et novatrices, pour le bien des clients, employés et actionnaires de Sprint. Nous atteignons nos objectifs car nous assumons notre responsabilité et notre contribution au sein de l'entreprise. Nous aspirons avec passion à réussir ensemble et à célébrer nos succès.

Naturellement, ceux qui élaborèrent ce texte savaient bien qu'une telle vision ne se réaliserait pas du jour au lendemain, mais plutôt à l'issue d'un parcours de trois à cinq ans.

– Nous n'en avons pas parlé aux cadres dirigeants, raconte Lori. Nous agissions ainsi parce que cela nous semblait juste.

Mais j'avais peur. Comment cela allait-il fonctionner ? Seuls les résultats attesteraient de notre succès.

Tous les autres éprouvaient la même appréhension.

– Nous nous sommes dit que nous allions tous nous tenir par la main et faire le grand saut ensemble, se rappelle Lori. Nous devions garder notre foi dans le bien-fondé de ce projet.

L'équipe se mit à l'œuvre en 1998 en annonçant l'instauration d'un nouveau code vestimentaire : « Évitez seulement de porter des habits posant des problèmes de sécurité. » Les employés furent aussi autorisés à lire ce qu'ils voulaient.

– Les salariés nous reprochant de les traiter comme des gamins, notre but était de créer un environnement adulte, explique Mary. La mission de chacun consiste à servir le client. Si une personne n'est pas capable de faire plusieurs choses à la fois, elle décidera de ne pas lire. Mais la plupart des gens sont multitâches. En outre, ils restent plus alertes au long de la journée et leur travail s'en ressent.

Les opérateurs étaient plus heureux, mais Mary ne parvenait toujours pas à les convaincre de venir le week-end et le soir.

– Durant ces périodes, les agents se faisaient porter pâle et nous n'arrivions pas à offrir à nos clients des prestations à la hauteur de nos exigences en termes de rapidité.

L'entreprise lança alors un programme d'été, baptisé MASH (les Managers Attaquent les Services Harassés). Une nuit, Mary et les autres superviseurs décorèrent les centres comme des hôpitaux militaires. Ils revêtirent des chemises kaki et incitèrent les employés à faire des heures supplémentaires en leur promettant, en guise de récompense, des produits dérivés de la série dont l'opération tirait son nom. Les feuilles de présence étaient suspendues à des perfusions et les cadres catapultaient des bonbons à partir d'une mini-jeep téléguidée.

Les visages se remirent à sourire et les objectifs à être atteints.

– Nous avons compris que nous tenions le bon bout quand j'ai reçu des petits mots de mes subordonnés, relate Mary. Ils m'écrivaient, par exemple : « Je n'aurais jamais cru que vous imagineriez une chose aussi délirante rien que pour nous. Merci. Et surtout, continuez ! »

« Intuitivement, nous étions sûrs de notre décision, mais avions peur de l'appliquer. Ce sont ces messages qui nous ont convaincus.

Jouer pour la bonne cause

Quand, en 1998, Lori et Mary virent le documentaire *Fish !*, elles se regardèrent, incrédules, et s'exclamèrent presque à l'unisson :

– Mais c'est nous !

Dans un contexte prévisible et répétitif, les poissonniers avaient choisi de s'amuser et de créer la surprise. Ils lançaient des piques à leurs clients et, d'un air espiègle, les encourageaient à répliquer. En résumé, ils jouaient pour la bonne cause. À un moment, ils agitaient une sardine sous les yeux d'un chaland, la seconde d'après, ils se concentraient avec sérieux sur une grosse commande. Et la journée s'écoulait tranquillement, tandis que la marchandise se vendait par tonnes.

Si Lori et ses collaborateurs avaient présenté cette philosophie à leurs supérieurs quelques années plus tôt, ces derniers auraient hoché la tête avec un : « C'est ça. Et puis quoi encore ? »

– Ils auraient pensé qu'il s'agissait d'une lubie passagère, explique Donna Jenkins, cadre de la société. Mais les temps avaient changé. Comme nous ajoutions de nouvelles initiatives sans revenir sur les précédentes, la confiance s'était accrue.

Alors les centres d'appel intégrèrent *Fish !* dans leur décor. Les employés en placardaient les principes sur les murs et leurs supérieurs portaient des vestes de pêcheur pour souligner l'engagement de l'équipe.

Et cette approche était appliquée au quotidien.

– Nous avons acheté des hameçons en plastique que nous avons distribués à tous les agents, se rappelle Mary. Quand un chef remarque une bonne prestation chez l'un de ses subalternes, il salue ses efforts en lui donnant un poisson en papier, sur lequel il écrit précisément la raison de cette récompense afin d'encourager ce type d'attitude.

« À la fin de chaque trimestre, nous organisons un concours de pêche. Tous les poissons sont réunis dans une grande bassine et l'un d'eux est tiré au hasard. Si votre nom figure dessus, vous pouvez, au moyen d'une canne munie d'un aimant, pêcher un prix, un peu comme dans une fête foraine. Les employés adorent !

« Monsieur, cet appel est gratuit ! »

Les principes *Fish !* sont intégrés aux réunions de bilan dans chaque service. Comme le confirme Lori :

– Pour saluer la prestation d'un employé, nous parlons de « belle prise ». Et en cas de mauvaise expérience, nous déplorons que « le poisson ait filé. »

De même, les salariés s'efforcent d'insuffler un peu de légèreté dans leurs interactions avec les clients.

– Un agent a reçu l'appel d'un homme qui désirait téléphoner en PCV à un numéro gratuit, raconte Don. Alors, il lui a répondu : « Monsieur, aujourd'hui, nous vous offrons cette communication gracieusement ! »

Même face à une difficulté, la convivialité reste de mise.

– Notre système est conçu pour que, en cas de problème technique, l'appel soit automatiquement transféré à notre centre d'assistance, explique Mary. Et là, nos clients peuvent se montrer très agressifs.

L'opératrice Rhonda Lynch décrit son comportement dans ce genre de circonstance :

– Le plus important, c'est le ton de la voix. Il ne faut pas feindre la gaieté. Votre correspondant doit percevoir que vous êtes sincèrement désolé de ses difficultés et que vous souhaitez vraiment l'aider.

Lorsque cela ne suffit pas, les agents conservent malgré tout une attitude positive.

– Parfois, mon interlocuteur est tellement en colère qu'il se soucie peu de ma serviabilité, commente Marcia Leibold, une autre employée. Mais je demeure déterminée à ne pas me laisser abattre. Je fais tout ce que je peux pour lui. Et bien souvent, notre conversation se termine sur une note beaucoup plus aimable. Il me remercie et me souhaite une bonne journée.

« Certains téléphonent aussi pour tromper l'ennui. Il s'agit souvent de retraités et l'on devine aisément à leurs propos qu'ils sont seuls. Ils cherchent alors à bavarder avec moi. D'un point de vue commercial, ce n'est pas rentable et je suis censée écourter l'appel. Mais j'essaie toujours de leur glisser une parole gentille pour leur prouver que quelqu'un s'intéresse à eux.

Les opérateurs veillent donc à « être présents », malgré les centaines d'appels quotidiens qu'ils doivent traiter.

Cela peut se révéler une question de vie ou de mort, comme dans cette anecdote relatée par Rhonda :

– Une dame âgée était tombée et ne pouvait plus bouger. Elle a réussi, j'ignore comment, à nous contacter – sans doute via une touche « mémoire ». Elle ne connaissait pas le numéro des pompiers et, dans la panique, avait oublié son adresse exacte. Un collègue et moi avons passé une demi-heure à tenter de la localiser et à joindre les secours. Finalement, la police a dû enfoncer sa porte pour pénétrer chez elle. Je sais que nous avons contribué à lui sauver la vie ; en rentrant chez moi ce soir-là, j'ai compris que mon travail avait un sens.

Un sourire à l'autre bout du fil

Au centre de Lenexa, Mary et son équipe multiplièrent les moyens d'inciter les employés à travailler les vendredis et samedis soirs.

– Beaucoup d'entre eux ont entre dix-huit et vingt-quatre ans. Comme ils ont été engagés les derniers, on leur a donné les horaires dont personne ne voulait. Nous avons réfléchi : « Pourquoi n'ont-ils pas envie de venir ici le week-end ? Simplement parce qu'il veulent faire la fête, comme tout le monde ! »

Alors, Mary a installé la chaîne hi-fi de son bureau dans l'open-space central.

– Au début, personne ne voulait s'asseoir près des haut-parleurs, se rappelle-t-elle en souriant. Mais très vite, les agents ont commencé à danser. Avant, quand ils raccrochaient d'un coup de fil vraiment désagréable, ils ne disposaient d'aucun moyen de s'en remettre et de se défouler. La musique leur offre donc la possibilité de se changer les idées quelques instants avant de reprendre leur travail et de pouvoir à nouveau donner le meilleur d'eux-mêmes.

Durant les premiers week-ends, elle surveilla attentivement le déroulement des opérations.

– Nous redoutions les réactions des clients qui entendaient la musique de fond. Mais le sourire des opérateurs était tellement perceptible dans leur voix que ce fut un succès total.

Il n'y eut qu'une seule plainte. Un vendredi soir, une correspondante s'exclama :

– Qu'est-ce que c'est que ce brouhaha ? Passez-moi votre supérieur !

Une fois en ligne avec le chef de service, elle réitéra sa question :

– Qu'est-ce que vous fabriquez au juste ? C'est la fête ou quoi ?

– Oui, madame, en quelque sorte ! répondit le superviseur. Nous essayons de créer une ambiance sympathique pour que nos agents viennent travailler ici les soirs de week-end et qu'ils puissent vous rendre service. Excusez-nous si notre musique vous déplaît, mais nous agissons ainsi parce que nous aimons nos employés.

– Vous plaisantez ? s'étonna l'autre. Vous faites vraiment cela pour vos salariés ?

Elle se tut un moment avant d'ajouter :

– C'est formidable !

Et si cela ne fonctionne pas ?

– Si nous avions reçu ce type de plainte deux ans auparavant, nous nous serions confondus en excuses, confie Mary. Et nous aurions tout annulé. Une simple critique interne aurait suffi à faire avorter notre initiative.

Mais la nouvelle profession de foi de l'entreprise impliquait de « tirer les leçons de ses expériences », ce qui signifiait prendre des risques.

– Par le passé, quand nous évoquions notre démarche novatrice, on nous répondait : « Et si cela ne fonctionne pas, nous nous retrouverons à tout jamais pris dans ce piège. » Alors, comme nous ne voulions pas courir le danger d'un échec supposé, nous ne faisions rien du tout.

« Aujourd'hui, nous raisonnons en termes d'essai, d'expérience pilote. Si une solution nous semble susceptible d'améliorer notre culture d'entreprise, cela vaut la peine de la tenter.

C'est ainsi que Mary arriva un jour avec un coffre à jouets rempli d'objets en mousse – disques, balles, animaux – que les gens pouvaient se lancer les uns aux autres.

– C'était un vrai risque. Imaginez que quelqu'un se blesse ! Cela relèverait du droit du travail. Puis nous nous sommes dit : « Nous avons clairement établi les objectifs et responsabilités de chacun. Les agents savent qu'ils doivent remplir leur mission. Pourquoi ne pas leur faire confiance ? Au pire, s'il se produit un incident, nous arrêterons tout. »

« Du coup, les opérateurs échangent des passes de temps en temps pour se détendre ou se recharger. En trois ans, cela n'a jamais posé le moindre problème. Parfois, cela génère un peu de chahut, surtout le soir. Mais on calme le jeu et tout rentre dans l'ordre.

Dans le même esprit, Mary a installé un écran géant dans l'open-space, pour que les salariés puissent, par exemple, regarder les matchs de basket ou de football en travaillant. La musique constitue un élément essentiel de cette philosophie.

– Nous ne voulions pas de mélodies aseptisées d'ascenseur. Nous souhaitions quelque chose de plus vivant. Et comme les employés ont des goûts différents, nous avons apporté une pile de CD en précisant : « Nous les passerons tous. Ainsi chacun y trouvera son compte. » Une bonne manière d'ouvrir les esprits à la diversité et à la tolérance.

Les bruits qui courent

À l'époque où l'atmosphère était encore très coincée, les dirigeants essayaient bien d'apporter un peu de fantaisie dans les centres d'appel.

– Nous envoyions des communiqués officiels, annonçant : « Vendredi, à 13 heures, on va s'amuser ! » explique Lori. Malheureusement, le message sous-jacent était que, le reste du temps, on ne s'amusait guère !

Ces derniers mois, les événements sont devenus plus imprévisibles, en particulier les soirs de week-end. D'ailleurs, les cadres furent les premiers à donner le la. Pour la nuit de la Saint-Sylvestre, Mary s'est présentée au centre, déguisée en poupon. Il lui arrivait aussi régulièrement d'inviter les opérateurs à danser la Macarena.

– Cette pratique a disparu d'elle-même, remarque-t-elle Peut-être serait-ce le moment de la relancer. Cela dit, si nos clients voyaient ce que nous faisons pendant qu'ils appellent, ils n'en croiraient pas leurs yeux !

– Chaque semaine, une nouvelle rumeur se répand parmi les agents, raconte Lori. Ils s'appellent les uns les autres pour se dire : « débrouille-toi pour être là ce week-end. Il va se passer quelque chose de fou ! »

Un samedi, Mary a accroché une boule à facettes au plafond et organisé une soirée disco, au son des Bee Gees et de Village People. Cet événement a remporté un tel succès qu'elle s'est procuré deux sphères à faisceaux multicolores, installées à demeure dans l'open-space.

– Elles ne sont pas en permanence allumées, explique-t-elle. Mais en cas de baisse de régime, nous éteignons toutes les autres lampes, mettons l'éclairage en route et poussons le volume à fond.

À d'autres moments un peu difficiles, les chefs de service organisent un loto et affichent les numéros sur un tableau.

– Quand un salarié gagne, il a droit à une pause et son supérieur prend sa place pendant un quart d'heure. Cela permet aux cadres de conserver un lien direct avec le travail de terrain.

Dans le centre de Jacksonville, en Floride, une dirigeante a imaginé un personnage surnommé « La Merveilleuse ». Au moins une fois par mois, elle s'accoutre de manière outrancière et rend visite à chaque salarié en lançant de tonitruants « Helloooo ! Quelle meeeeerveilleuse journée ! » Le 4 juillet, jour de la fête nationale, elle est arrivée dans une robe à paillettes bleue bordée de rouge et coiffée d'un haut-de-forme garni de drapeaux américains.

Tout ce tumulte inquiéta certains managers. Une nuit, dans les locaux de Phoenix, vers 22 heures, Don Freeman s'interrogeait avec anxiété sur la réaction des clients.

– Alors, j'ai mis certains postes sur écoute pour vérifier. À chaque appel, j'étais de plus en plus estomaqué. Toute la folie régnant au bureau ne transparaissait pas sur la ligne. Je n'entendais pas non plus de monocordes « Sprint, j'écoute », mais des « Sprint, bonsoir ! Puis-je vous aider ? » dynamiques et vivants. Devant un enthousiasme aussi contagieux, je suis descendu pour me joindre à l'équipe.

Don fait depuis de régulières apparitions déguisé en Elvis, avec sa guitare. Il a aussi réaménagé les locaux en y intégrant une cafétéria, des grands divans et des tables de billards, ainsi qu'une liaison ADSL, afin d'attirer les étudiants, qui constituent une grande partie de la main-d'œuvre.

– Beaucoup d'entre eux viennent au travail en avance, juste pour le plaisir.

Que se serait-il produit si les cadres avaient seulement incité leurs subordonnés à jouer sans participer eux-mêmes ?

– Je crois que nous aurions tenté l'expérience, mais avec l'appréhension permanente que d'éventuels débordements nous obligent à faire marche arrière, confie Rhonda. Il arrive que notre charge de travail ne nous laisse pas le loisir de nous amuser, mais du moins nous savons que c'est temporaire.

« C'est bon de savoir que vous êtes humains ! »

L'instauration d'une ambiance moins infantilisante impliquait de donner le choix aux gens, notamment celui de ne pas jouer.

– Certaines personnes souffrent de migraines, n'aiment pas la musique ou désirent lire tout en répondant au téléphone, explique Mary. Nous disposons donc d'une salle séparée de l'open-space central où le calme est de rigueur. Les agents peuvent s'y rendre quand ils le veulent au cours de la journée.

– Il y a ceux qui jugent incompatible de travailler dur et de s'amuser en même temps et les autres qui trouvent cela cool. C'est peut-être une question de génération ou d'éducation, confirme Lori. En tout cas, notre but ne consiste aucunement à forcer les gens à participer. S'ils prennent davantage de plaisir à tricoter pour leurs petits-enfants ou à dessiner, nous les y encourageons. Le principal, c'est qu'ils transmettent leur bonne humeur aux clients.

« Par exemple, lorsqu'un chef de service surprend une prestation parfaite, il se précipite vers l'opérateur et le félicite de façon plus ou moins loufoque. Les collègues présents assistent à la scène et se joignent à lui. C'est ainsi que tout le monde en vient à célébrer les accomplissements des uns et des autres et cet esprit festif se transforme en sourires, qui sont immédiatement perçus par les correspondants à l'autre bout de la ligne.

Il est également important de rester soi-même tout en assurant ses fonctions. Chaque centre d'appel effectue une évaluation mensuelle de ses agents pour s'assurer que leurs contacts avec les clients répondent bien aux exigences de la société.

Ainsi que le raconte Mary :

– Nous avions jadis un formulaire comprenant des dizaines de questions du genre : combien de fois avez-vous dit « Merci » et « S'il vous plaît ? » Si la réponse était inférieure au quota fixé, vous perdiez des points. Cela déprimait les employés qui trouvaient ce système trop pointilleux.

Le questionnaire fut donc dégraissé et porte davantage sur les éléments essentiels à une prestation excellente.

– Nous exigeons bien entendu la politesse, précise Mary. Mais aujourd'hui, nous essayons de susciter des occasions d'être heureux et présent au lieu de nous baser sur des répliques automatiques.

La dépersonnalisation fut ainsi remplacée par davantage d'authenticité et d'individualité.

– Parfois, nous éclatons de rire en voyant Mary affublée d'un nez de clown, commente Marcia. Et le client nous dit : « C'est bon de savoir que vous êtes humains ! »

Maman, pourquoi es-tu si bizarre ?

Au cours d'une convention à l'intention des cadres de chez Sprint, Lori Lockhart eut une révélation. Elle s'amusait comme une folle. Elle s'était déguisée en poisson pour l'une des conférences et avait dansé avec Elvis.

– Enfin, je me sentais libre d'être moi-même. Je me détendais et j'avais confiance dans mes facultés de leader. Je constatais avec joie que mon action avait abouti à des résultats positifs.

Soudain, une pensée frappa son esprit.

– J'applique la *Fish !* philosophie au travail. Alors pourquoi ne pas l'intégrer dans ma vie de famille ?

En rentrant à la maison, elle décida qu'au lieu de se montrer fatiguée, irritable et stressée, elle jouerait et serait vraiment présente.

– Mes filles se sont immédiatement aperçues du changement. Elles m'ont demandé : « Maman, pourquoi es-tu si bizarre ? »

– Je leur ai répondu : « C'est ma nouvelle façon d'être. Et je ferai tout mon possible pour devenir une meilleure maman et pour rire davantage. » Alors, elles m'ont dit qu'elles me considéraient déjà comme une super maman, mais qu'à présent, j'étais la plus géniale de l'univers !

Le lendemain matin, à l'heure habituellement caractérisée par une course contre la montre, accompagnée d'énervement et parfois de larmes, Lori s'efforça d'afficher une bonne humeur inébranlable. Et quand les petites l'accompagnèrent jusqu'à la voiture pour l'au revoir rituel, leur visage était éclairé par un large sourire.

– Grâce à toi, nous allons passer une journée formidable !

– Ces paroles m'ont rechargée jusqu'au soir, raconte Lori. Désormais, nous veillons vraiment à ne pas nous noyer dans un verre d'eau. Hier, mon mari Patrick m'a annoncé qu'il avait décidé de danser tout en passant l'aspirateur. Épatant, non ?

Encourager la participation, stimuler la créativité

Depuis toujours, Sprint se définissait comme une entreprise ouverte.

– Mais c'était très relatif, commente l'opératrice Rhonda Lynch en riant. Il s'agissait plutôt d'un entrebâillement à l'espagnolette.

Aujourd'hui, les employés participent réellement aux projets des centres. Comme l'explique Mary :

– Avant d'initier un changement important, nous travaillons en amont afin d'impliquer les salariés dans nos réflexions.

Chacun des sites a institué une sorte de forum d'idées et de réactions. Lori a créé un site web à cet effet. Il lui arrive de recevoir des commentaires assez cassants. Par exemple, l'un de ses subordonnés lui a un jour recommandé de communiquer de façon plus claire et plus concise.

– J'ai besoin de ces échos. Je ne peux pas rectifier une erreur dont je ne suis pas consciente, explique-t-elle.

Les agents jouent également un rôle important dans l'amélioration des performances.

– Voici trois ans, je n'aurais jamais imaginé qu'un subalterne puisse me proposer une idée nouvelle pour améliorer nos résultats, confie Lori. Aujourd'hui, nous nous réunissons régulièrement avec les chefs d'équipe afin de regrouper leurs propositions pour aboutir à des prestations plus efficaces et à une plus grande satisfaction des clients. Certaines de leurs idées nous ont fait gagner beaucoup d'argent.

À Phoenix, Don Freeman invite les agents à se considérer comme s'ils appartenaient au conseil d'administration et à lui faire part de leurs opinions quant au fonctionnement général du centre.

La direction s'est orientée vers un management « à double sens ». Comme l'explique Lori :

– Je discute beaucoup avec les employés sur les problèmes qui me préoccupent, notamment les budgets, les objectifs, les coûts, la concurrence. Jadis, ils n'auraient accordé aucune attention à ces sujets. Aujourd'hui, ils s'intéressent à tous les domaines : les finances, la satisfaction du client, la productivité des employés. Ils comprennent comment leur travail quotidien permet à l'entreprise de prospérer.

Ainsi, les salariés de Sprint se découvrent une créativité qu'ils ne soupçonnaient guère.

– Nombre d'entre eux ne pensent pas posséder une telle faculté, dit Mary. Mais quand ils s'aperçoivent que nous n'allons pas brider leur esprit, que nous souhaitons sincèrement réfléchir avec eux, ce qui en ressort se révèle étonnant. Des personnes que je croyais dénuées de toute imagination m'ont présenté des idées formidables et elles en ont été les premières surprises.

Plus les cadres et les employés jouent ensemble, plus les barrières tombent. Selon Lori :

– Cela crée une atmosphère de confiance. Les gens se disent : « Si je parle à l'un de mes chefs, il écoutera mes suggestions. S'il les juge bonnes, il les suivra. Sinon, il m'expliquera ce qui cloche. »

– En tant que responsables d'équipe, nous nous engageons à être pleinement présents auprès de chaque employé, ajoute Donna Jenkins.

– Nous avons l'impression d'être en famille, confirme Marcia Leibold.

Cette cohésion constitue la clé d'un avenir serein.

– Il se produit tellement de changements dans le monde professionnel, poursuit Mary. Avant, chaque fois que nous voulions opérer une modification, nous devions passer par tout un protocole hiérarchique aussi long que fastidieux et cela avait des répercussions terribles sur le moral des troupes. Aujourd'hui, les salariés ont confiance en nous, et ils acceptent mieux les bouleversements rapides que nous sommes amenés à mettre en place.

En octobre 1999, Sprint et MCI WorldCom envisagèrent de fusionner.

– Le jour de l'annonce de cette nouvelle, les dirigeants ont regardé les informations économiques sur l'écran géant du centre en compagnie des opérateurs, raconte Mary. Puis nous avons beaucoup discuté avec eux de cet événement.

Malgré l'abandon de ce projet, Mary a tiré une leçon importante de cette expérience :

– Si cela s'était produit quelques années auparavant, nos agents auraient craint pour leurs postes. Mais grâce à la confiance que nous avons su instaurer, ils ont accueilli cette perspective avec un calme absolument déconcertant.

Une réponse à la perplexité

Gary Owens, vice-président de la branche services chez Sprint, visita le centre de Lenexa, après que Mary eut installé les éclairages disco, la hi-fi et l'écran géant dans l'open-space.

– Avant qu'il pénètre dans les locaux, je l'ai averti : « Gary, je dois vous informer de certains changements au sein des bureaux, pour vous éviter une crise cardiaque… » Quand il est entré, il a regardé les lieux en se contentant de murmurer : « Hum, hum… »

Puis Mary lui a montré les chiffres. Tous les objectifs de fidélisation, de qualité, de productivité, de satisfaction du client avaient été atteints voire dépassés. Quelques mois plus tard, Gary confia à Mary :

– Si vous m'aviez préalablement demandé mon accord pour l'équipement audiovisuel, je vous aurais sans nul doute répondu : « Hors de question ! » Mais on ne peut que vous féliciter pour votre réussite.

Ce constat l'amena à adopter la même approche pour la firme entière et à utiliser l'équipe de Lori comme laboratoire interne. Il transforma également le slogan de l'entreprise, qui devint : « Nous travaillons avec joie et bonne humeur tout en offrant un service idéal aux clients dans le secteur des télécommunications. »

Les résultats financiers de Sprint Global Connexion grimpèrent à un rythme impressionnant. La première année, ils augmentèrent de 25 % et connaissent la même croissance depuis.

– Certains de nos employés qui cherchaient des postes mieux rétribués ont refusé des offres plus lucratives parce qu'ils aimaient trop notre environnement de travail, déclare Mary.

La productivité des centres d'appel s'accrut encore de 20 % entre 1997 et 2001 et leurs prestations reçurent une reconnaissance officielle grâce à plusieurs récompenses décernées par des organismes de consommateurs. Le groupe eut beau fixer des objectifs de plus en plus exigeants chaque année, « nous les avons tous atteints » affirme Mary.

Cette dernière utilise d'ailleurs un autre baromètre pour mesurer les progrès accomplis.

– Jadis, dans les couloirs, je croisais souvent des gens qui se plaignaient ou fronçaient les sourcils. Lorsque cela se produit en permanence, on a tendance à en faire abstraction, à ne plus y prêter attention comme on le devrait. Depuis notre changement de cap, les salariés sont contents, détendus, souriants. Aujourd'hui, dès que je surprends le moindre signe d'insatisfaction sur un visage, mon radar se met immédiatement en alerte. Je ne considère plus cela comme une chose normale. Et j'essaie de régler le problème sur-le-champ, pour améliorer encore davantage notre environnement.

Vivre la philosophie

Autrefois, Mary Hogan ne transportait dans son attaché-case que des dossiers et des rapports. À présent, elle arrive au travail avec un véritable sac à malices.

– Tous les matins, j'ai l'impression de monter sur scène, dit-elle. On ne sait jamais si je vais faire mon entrée avec des chaussons en forme de cochons, mettre la musique à fond ou inviter un employé à danser.

« Cela fait trente-sept ans que j'exerce dans ce secteur et je suis la preuve vivante qu'on peut changer. Mon style de management ne ressemble en rien à ce qu'il était voici quelques années. Cette nouvelle orientation m'a permis d'exposer mon humanité aux autres. Je suis comme je suis et mes collègues le voient et l'entendent – surtout quand j'éclate de rire !

Mary a eu des propositions pour des postes plus importants.

– Mais ces dernières années ont été les plus dynamiques et stimulantes de ma carrière. Je suis réellement passionnée par ce que nous faisons. Nous avons franchi tant de limites pour le bien de l'entreprise que je ne sais pas ce qui pourrait nous arrêter. Cependant, quand on entreprend un tel périple, il faut accepter de sortir des sentiers battus, de notre zone de confort.

« Nous sommes un peu comme les héros de *Star Trek*. Nous nous aventurons dans des mondes inexplorés.

MENUS FRETINS

SOUVENIRS

Peut-on jouer dans n'importe quel cadre ? Même dans une chambre mortuaire ? Un entrepreneur de pompes funèbres nous a raconté cette histoire : une famille pleurait autour de sa chère disparue lorsqu'il a suggéré aux endeuillés de se mettre en cercle et d'évoquer tous les moments joyeux et drôles qu'ils avaient partagés avec leur mère. Bientôt les rires se mêlèrent aux larmes dans une célébration du bonheur et de la joie que cette femme avait su apporter dans la vie de ses proches.

LA TOUCHE LÉGÈRE D'UN ENFANT

Pourquoi les organigrammes et autres tableaux devraient-ils nécessairement être rébarbatifs ? Une responsable décida de pimenter sa présentation en demandant à ses enfants de colorier ses graphiques. Ses collègues adorèrent le chef-d'œuvre des petits artistes et la félicitèrent pour son idée.

LE STYLO SAUTEUR

John Christensen s'approcha de la caisse pour régler ses achats et voulut saisir le stylo attaché par une chaînette au comptoir lorsqu'il le vit sauter hors de sa portée. En fait, c'était l'employé en face de lui qui s'amusait ainsi à le taquiner. Les deux hommes éclatèrent de rire. Aujourd'hui, chaque fois que John entre dans un magasin, il espère passer un moment tout aussi sympathique. Et, par précaution, il garde toujours un stylo sur lui…

L'IMPORTANCE DE LA GAIETÉ

Les cadres d'un hôpital, inspirés par le marché de Seattle, décidèrent d'intégrer le jeu dans leur philosophie. La définition de leur mission comporte notamment la phrase suivante : « Nous nous donnons pour tâche de satisfaire nos patients au-delà de leurs attentes, dans une atmosphère de compassion et de gaieté. » Parmi leurs valeurs figurent la qualité, la bienveillance, l'intégrité, l'organisation, le travail d'équipe et la joie.

Le jeu et l'efficacité vont de pair dans les services. Par exemple, au cours de la « Journée de la Plage », les malades jouent au ballon. Ils n'ont pas conscience de participer à un exercice physique. S'ils étaient dans la salle de kinésithérapie, ils ne feraient sans doute pas autant d'efforts…

DES ÉTINCELLES DANS LE DÉCOR

L'idée de jeu semble très attrayante, mais qu'en est-il si l'on travaille dans une usine où les exigences de sécurité prédominent ? Pourtant, il existe des moyens de générer la bonne humeur, même dans l'environnement le plus contraignant. Durant le mois de décembre, dans une fabrique d'outillage, les employés de maintenance accrochèrent des lanternes sur les grillages entourant le site. Puis, à leur tour, les manœuvres demandèrent l'autorisation de décorer la salle des machines, dans la mesure où cela ne présentait aucun danger. C'est ainsi que des guirlandes multicolores et des lampes clignotantes furent installées autour des établis.

Le jeu consiste parfois en un état d'esprit, influencé notamment par le cadre qu'on peut créer.

QUI SUIS-JE AUJOURD'HUI ?

Les entretiens d'embauche se révèlent souvent des épreuves difficiles, intimidantes et très stressantes. Une consultante en recrutement dans une grande université a trouvé une façon d'y intégrer une petite note d'humour. Elle s'habille à chaque rendez-vous en fonction du poste auquel aspire le candidat. S'il s'agit d'un emploi dans le domaine du bâtiment, elle porte un bleu et un casque. Pour la fonction de vigile, elle s'affuble d'un uniforme. Cela met ses interlocuteurs plus en confiance, les familiarise avec la mentalité de plaisir et leur donne envie d'intégrer cette équipe et de s'y épanouir.

LE FACTEUR DÉCLENCHEUR

Toutes les entreprises veulent attirer les meilleurs éléments, mais il est surprenant de découvrir ce qui peut les convaincre. Un jeune informaticien de talent avait ainsi accepté un poste dans une société, simplement parce qu'il avait vu voler une montgolfière miniature dans le bureau où il passait son entretien. Outre qu'on lui proposait un salaire et des avantages sociaux intéressants, il se dit qu'il aurait davantage de plaisir et de stimulation à travailler dans un tel environnement.

POUR ENTENDRE COIN-COIN, TAPEZ # !

Comment séduire un employé potentiel ? Dans une firme, les salariés agrémentaient les dossiers de candidature de dessins et de mots de bienvenue. Dans une autre, ils étaient encouragés à enregistrer des annonces fantaisistes sur leurs répondeurs et à suggérer aux éventuels postulants de téléphoner à n'importe quel numéro de poste en dehors des heures de bureau, pour se faire une idée de l'ambiance qui régnait dans l'équipe.

UN PLUS GRAND TERRAIN DE JEU

Comme ils ne savaient pas dans quelle mesure ils pouvaient jouer en toute sécurité, les employés d'une station de ski demandèrent qu'on leur fixe des limites.

– Ils voulaient connaître l'étendue exacte de leur terrain de jeu, nous confia le directeur. « Si nous dépassons les bornes, vous pouvez déclarer le hors-jeu, mais définissons d'abord ensemble les règles. » J'ai commencé par proposer des marges assez étroites – c'était de bonne guerre. Mais ils m'ont répondu : « Non, il nous en faut davantage – des règles moins rigides, plus de latitude, plus de confiance. »

Alors, le directeur a assoupli ses positions. Aujourd'hui, les moniteurs organisent des karaokés impromptus sur les pistes. Les skieurs dansent la macarena en attendant le télésiège. Toutes les stations environnantes jouissent du même paysage et des mêmes équipements, mais celle-ci se différencie en offrant à ses employés la liberté de proposer aux clients des expériences plus drôles, plus personnelles.

Sur votre lieu de travail,
quelle est l'étendue de votre terrain de jeu ?
Aurait-il besoin d'être élargi ?

Chapitre 2 - Illuminer leur journée

Le monde devient meilleur dès lors que vous agissez avec l'intention de servir autrui.

Quand vous pénétrez dans le marché de Seattle, vous avez d'abord l'impression d'assister à un spectacle. Les cris, les chansons, les plaisanteries, les poissons qui volent au-dessus de vos têtes, tout semble amusant. Et puis vous vous apercevez que vous êtes vous-même monté sur scène et que vous faites partie de la troupe. Les marchands vous jaugent et s'apprêtent à vous tendre une perche. Ils renouvellent leur prestation chaque jour, mais cela ne peut marcher que s'ils trouvent le moyen de graver un souvenir inoubliable dans votre esprit, de sorte qu'en partant, avec ou sans marchandise, vous ayez envie d'en parler autour de vous. Alors vous inciterez d'autres personnes à se rendre à Pike Place et à leur tour, elles en sortiront enchantées. Ainsi, la rumeur se répandra comme une traînée de poudre et de plus en plus de clients viendront.

Au cœur de la réussite de cette entreprise réside l'investissement de chacun. Les poissonniers ne vendent pas, ils rendent le monde meilleur. Et ils génèrent un chiffre d'affaires étonnant.

Un jour, j'ai eu l'occasion de faire découvrir ce marché à un ami. Il était de passage à Seattle et je lui ai suggéré d'y faire un tour. Le mardi après-midi, vers 15 h 30, Ken pénétra donc dans les lieux et savoura l'atmosphère enthousiaste qui s'en dégageait. Une pensée lui traversa l'esprit qui dut transparaître sur son visage. Il n'en fallut pas davantage pour que Sammy l'aborde :

– Puis-je vous aider ?

– Je me disais que ce serait une bonne idée de prévoir du saumon fumé pour une réunion de famille, le week-end prochain. Que me conseilleriez-vous ?

– Peut-être pourriez-vous en prendre un échantillonnage de plusieurs sortes, recommanda le marchand.

Au bout de cinq minutes de tergiversations, Ken passa sa commande et tendit à l'employé sa carte de crédit. Ce dernier l'inséra dans la machine, puis revint vers son client avec une expression grave et soucieuse.

– Avez-vous une autre carte, Ken ?

Mon camarade sentit la gêne et l'inquiétude l'envahir. Il chercha fébrilement dans son portefeuille. Au bout d'un temps qui lui sembla durer une éternité, à fouiller toutes ses poches en quête d'un chéquier ou de liquide, Sammy l'interrompit :

– C'était juste par curiosité ! En fait, je n'en ai pas besoin…

Ken était tellement plongé dans son embarras qu'il n'entendit pas ces paroles. Alors le poissonnier répéta :

– Je n'ai pas besoin d'une seconde carte de crédit, je voulais juste savoir si vous en possédiez une autre.

L'autre éclata de rire. Il venait de vivre un moment drôle et inoubliable. Aujourd'hui, il relate souvent cette histoire et ceux qui l'écoutent ne manquent pas de se rendre à Pike Place quand ils en ont l'occasion afin d'engranger, eux aussi, des anecdotes à raconter.

À la suite de cet épisode, nous avons avoué aux poissonniers qu'il s'agissait de Ken Blanchard, célèbre auteur de nombreux ouvrages, parmi lesquels *Le Manager Minute*.

– Jamais entendu parler ! nous répondirent-ils.

Ils l'avaient simplement traité comme n'importe quel autre chaland.

Rien n'est plus prodigieux que d'arrêter de se regarder le nombril et de se demander comment établir un lien avec un autre être humain – ami, parent, collègue – pour illuminer sa journée ou, du moins, un instant de sa vie.

Dans l'exemple qui suit, nous verrons un concessionnaire de voitures désireux de rendre mémorable la moindre visite effectuée dans son magasin. Ce ne fut pas une tâche aisée, compte tenu de l'état d'esprit dans lequel les gens abordent la négociation d'un véhicule. Mais cela devint plus facile lorsque les employés de Rochester Ford Toyota se lancèrent à l'aventure pour découvrir les besoins de leurs clients.

Le service à autrui comme moteur : Rochester Ford Toyota

Le parking de Rochester Ford Toyota est rempli de centaines de véhicules, mais en ce moment, Rob Gregory ne s'intéresse qu'à la voiture de course NASCAR qu'il propose en promotion.

– Écoutez-moi ça, dit-il avec amour en écoutant le moteur ronfler.

Et pendant quelques secondes, Rob redevient le petit garçon qui adorait aller choisir une automobile avec son père. Lorsqu'en 1987, il accepta son premier emploi de vendeur chez un concessionnaire, il rencontra un homme à la mentalité originale. Avec sa veste à franges et son bandana, Wes Rydell ressemblait à un cow-boy de western et ses idées fantasques le distinguaient de la masse.

– On pourrait ainsi résumer sa pensée : « Faites exactement l'opposé de ce qui se pratique généralement dans votre secteur et vous réussirez » se souvient Rob.

Wes Rydell parlait toujours d'avoir vingt sur vingt, d'exploiter au maximum son potentiel. Tout le monde veut être au top : en amour, au travail, etc. D'un point de vue commercial, comment cela se traduit-il ?

– Selon lui, cinq éléments sont essentiels au succès d'une entreprise : 1. l'enthousiasme des clients, 2. la satisfaction des employés, 3. la capacité à générer des bénéfices, 4. un marché en pleine croissance, 5. une volonté permanente de progresser.

Toutes ces conditions s'avèrent essentielles, mais il faut en choisir une qui soit votre favorite.

Dans le domaine automobile, la plupart des négociants choisissent le facteur 3 – le profit –, mais Rydell décida de privilégier le 1 – le client.

– Aucun de ces principes n'est meilleur que les autres, précise Bob. Mais si l'on se concentre d'abord sur les acheteurs, on se retrouve simplement sur un chemin différent. On cesse de s'intéresser à ses propres désirs pour s'attacher à ceux des autres.

« Comme disait M. Rydell : "Quand un ami vient dans mon magasin, je fais en sorte de lui obtenir la meilleure affaire possible. Que se passerait-il si j'agissais de même avec tous les clients ?"

Partant de ce point de vue, il créa un nouveau slogan pour son entreprise : *Nous sommes tellement efficaces que nous pouvons favoriser le bien d'autrui.* Bob explique le sens de cette phrase :

– Si vous êtes vraiment bon dans ce que vous faites, qui vient vous trouver ? Tout le monde ! Et quand vous rendez service à un nombre croissant d'individus, comment vous sentez-vous ? Vraiment bien !

« Naturellement, vous ne devez pas perdre de vue le profit. Mais est-ce une cause ou un effet ? Lorsque vous demandez aux gens s'ils souhaitent devenir millionnaires, ils vous répondront tous par l'affirmative. Mais si vous les interrogez sur les raisons d'un tel souhait, cela se résume en un mot : le bonheur. Or, la seule façon d'être vraiment heureux dans cette vie, c'est de sortir de soi et de servir les autres. Telle est l'aventure dans laquelle Rydell tentait de m'entraîner.

Quel message induisez-vous ?

Lorsque Rob racheta Universal Ford Toyota à Rochester, en novembre 1999, il se retrouva face à un personnel plutôt dépité.

– Notre établissement avait une réputation du genre : « entrez vite, nous allons vous mettre sur la paille », se souvient Al Utesh, ancien responsable des pièces détachées. La plupart des salariés travaillaient dur pour contenter les consommateurs, mais leur objectif principal demeurait financier. Nous figurions au bas de l'échelle concernant la satisfaction du client. Quant à celle des employés, elle frôlait le zéro pointé.

– Beaucoup de gens payaient des sommes exorbitantes et ceux qui refusaient devaient négocier jusqu'à l'épuisement, ajoute John Davis, qui avait intégré le service des ventes six mois avant l'arrivée de Rob.

Mêmes les bénéfices se révélaient trompeurs. Outre un contexte économique général favorable, Rochester était une localité prospère.

– Mon prédécesseur se serait attribué un A en termes de rendement, mais compte tenu du marché florissant, il aurait mérité un C, déclare Rob. Le propriétaire avait privilégié le facteur 3 (les bénéfices) et non le 1 (le client), explique-t-il. Il vivait en dehors de la ville et considérait ce commerce comme un investissement, et non comme une mission. Naturellement, si l'on est loin et qu'on touche un gros chèque chaque mois, pourquoi changer les choses ?

« Cependant, quand on bâtit une entreprise sur la base du gain, on induit cette mentalité même chez les personnes les mieux intentionnées. Du coup, les éventuels acquéreurs arrivent sur la défensive. Quant aux vendeurs, ils essaient d'obtenir le meilleur prix sur chaque article, car ils savent qu'ils ne reverront plus jamais le client. La direction, de son côté, s'efforce de grappiller de l'argent dans tous les domaines et les employés se concentrent sur ce qu'ils vont obtenir et non sur ce qu'ils peuvent donner.

De plus, la gestion des ventes, des réparations et des pièces détachées constituaient trois entités financières séparées. Cela engendrait une compétition terrible entre les différents départements.

– Nous nous accusions mutuellement de tous les maux, confie Julie Sweningson, actuelle responsable des pièces détachées. La situation se détériora au point que nous envoyions nos propres amis chez nos concurrents.

Un tel contexte ne ravissait personne, pas même le propriétaire, mais nul ne savait comment y remédier. Après tout, les bénéfices étaient bel et bien suffisants et, comme le soulignait Wes Rydell, un individu considère le monde selon les priorités qu'il se fixe.

– Lors de la reprise, je me suis entretenu avec beaucoup de salariés, raconte Brian Kopek, nouveau directeur de la branche des véhicules neufs. Ils tenaient des propos dramatiques, certains se posaient en victimes. Bref, si j'avais dû imaginer un cri de ralliement, ç'aurait été : « Je veux ma part du gâteau ! »

Rob commença par modifier le nom de la société qui devint « Rochester Ford Toyota ». Et il annonça officiellement que le plus grand changement à opérer serait d'ordre interne.

– Comment cela se passe-t-il pour nous ? Si nous continuons sur cette voie, cela ira-t-il en s'améliorant ou en empirant ?

La réponse fut unanime :

– En empirant !

– Et sur le plan personnel, comme vous sentez-vous ? Votre travail est-il à la hauteur de vos espérances ?

Silence dans l'assistance.

Rob proposa alors sa nouvelle vision :

– Et si nous attachions plus d'importance aux besoins du client qu'aux nôtres ? En réalité, que veut le chaland ? Premièrement, désire-t-il négocier avec plusieurs interlocuteurs pour obtenir le tarif le plus bas ou préfère-t-il connaître les prix d'emblée ?

– Connaître les prix d'emblée.

– OK. Donc, plus de marchandages ni de tactiques de pression. Nous fixerons le montant le plus avantageux possible pour chaque véhicule. Nous dévoilerons nos cartes et nous avons donc intérêt à avoir un bon jeu. Deuxièmement, le consommateur désire-t-il acheter une mauvaise voiture ?

– Non.

– Par conséquent, quiconque acquiert une automobile d'occasion chez nous pourra être remboursé dans les sept jours. S'il la rapporte dans le mois, il pourra l'échanger contre un article de valeur égale ou supérieure. Troisièmement, a-t-il envie de traiter avec des gens payés pour vendre ou pour servir ?

– Pour servir.

– Donc, nos commerciaux seront rétribués selon le nombre d'unités écoulées et non en fonction de leur chiffre d'affaires.

Malheureusement, la majorité des employés interpréta ses propos de la sorte :

– Nous devrons travailler deux fois plus et *peut-être* ferons-nous faillite. *Peut-être* toucherez-vous le même salaire, même si je crois que vous gagnerez plus. Cependant, vous serez *peut-être* un peu plus heureux.

Seuls quelques salariés furent séduits par cette perspective. Beaucoup restèrent dubitatifs, demandant à voir. Certains démissionnèrent.

Une philosophie et non un programme

Rob connaissait-il une affaire qui avait prospéré en suivant ces principes ? Oui, expliqua-t-il. Un certain marché aux poissons de Seattle.

Il leur raconta alors l'histoire de ces commerçants qui aspiraient non pas à vendre beaucoup de marchandise, mais à être plus heureux. En s'oubliant un peu pour mieux se concentrer sur l'aide à autrui, ils découvrirent une satisfaction qu'ils n'auraient jamais imaginée possible. Et plus ils étaient serviables et aimables, plus ils avaient de clients. Au résultat, comment se sentaient-ils ? Superbement bien !

Certains employés de Rochester Ford Toyota furent impressionnés par ce récit. Cela correspondait exactement à leurs aspirations. D'autres trouvèrent l'idée amusante, évidente ou carrément stupide.

– En tout cas, résume Rob, cela leur semblait bien mieux que leur condition ordinaire. Donc nous avions le choix. Devions-nous prendre nos responsabilités et tenter de transformer notre environnement, ou allions-nous attendre, les bras croisés, que la solution nous soit livrée sur un plateau d'argent ?

Au début, les salariés se lançaient des objets, plaisantaient avec les chalands, dansaient dans le garage.

– Tout était bon pour insuffler un peu de légèreté, commente Rob. Incontestablement, l'ancienne méthode ne fonctionnait pas et ils étaient prêts à m'écouter. Mais j'étais le patron, et certains devaient sûrement feindre l'enthousiasme devant moi.

– En réalité, malgré l'excitation apparente, une partie des employés se pliait aux exigences de la direction davantage par peur, confirme Brian.

Quelques mois après la reprise de l'établissement, Rob assista à une réunion du personnel, portant sur l'éthique de l'entreprise.

– J'ai l'impression que notre nouvelle approche fonctionne, déclara-t-il.

Un ou deux individus objectèrent alors :

– Ne vous rendez-vous donc pas compte que rien n'a vraiment changé ici ?

– Ce n'était pas le cas, nous confie-t-il aujourd'hui. Cependant, si, de leur point de vue, tout était demeuré pareil, cela signifiait qu'*ils* n'avaient pas changé. En résumé, ils me disaient : « OK, Rob, parlons franc. Il faut que je vende deux fois plus de voitures pour toucher le même salaire et je serai prétendument plus heureux ? Je ne me sens pas si bien que cela en ce moment ! »

C'est alors que Rob comprit que l'aventure venait juste de commencer. Il pensait que la théorie des cinq facteurs et la méthode *Fish !* allaient tout régler comme par miracle.

– Mais rien ne s'arrange si l'on ne décide pas de s'arranger soi-même. Les cadres avaient tenté de mettre en œuvre toutes sortes de projets pour améliorer les choses, mais ils les abandonnaient les uns après les autres.

Finalement, Rob comprit que *Fish !* relevait davantage d'une philosophie que d'un programme. Or, on ne met pas en œuvre une philosophie, on l'explore, on la choisit, on y croit et on l'applique. Et si certains avaient déjà adopté cette approche, d'autres auraient besoin d'un jour, d'un mois voire d'une année pour y adhérer. Peu de temps après, Rob étudiait deux reproductions d'affiches publicitaires standard, du genre : *Les prix les plus bas !*

– Je n'arrivais à me décider sur aucune d'entre elles. Soudain, une idée lumineuse me traversa l'esprit. Je me saisis d'un papier et d'un crayon et j'écrivis : *Venez pêcher chez nous !*

Les managers à qui Rob avait demandé conseil pour cette question considérèrent les deux premières propositions sans enthousiasme. Alors, le propriétaire leur sortit l'invention de son cru et tous s'écrièrent :

– Celle-là est parfaite !

« Nous nous amusions vraiment… »

En mars 2000, le panneau trônait sur l'autoroute avoisinant le garage. Dès le premier jour, une femme téléphona pour demander quelle sorte de poisson on pouvait pêcher. Brian songea alors à installer un petit aquarium dans le magasin. Le slogan éveilla des soupçons chez certains :

– Ils appelaient et demandaient : « Qu'est-ce que cela signifie exactement ? Vous voulez nous faire mordre à l'appât ? Vous allez nous attirer dans vos filets avec vos yeux de merlans frits ? » se souvient Sam Gross, responsable adjoint des ventes.

Les commerciaux n'avaient pas prêté un grand intérêt à cette publicité, mais l'éventualité que des clients perplexes les questionnent sur ce message obscur suscita leur attention.

– Comment sommes-nous censés expliquer le slogan ? demandèrent-ils.

En y réfléchissant bien, la réponse était simple. Comme l'explique Sam :

– Ce qui fonctionne pour les poissonniers fonctionne aussi pour les négociants automobiles : servir les autres, y prendre plaisir, adopter une attitude positive, être présent où il faut et quand il faut. Ce n'est pas dur à comprendre.

L'un après l'autre, les salariés oublièrent leurs craintes et leurs réticences. Cela ne se fit pas d'un coup, mais ils parvinrent à ne plus autant se soucier de l'argent et à s'intéresser aux besoins du client. La vente d'un véhicule cessa d'être une partie d'échec où l'on doit anticiper les mouvements de l'adversaire pour devenir un échange coopératif sur les désirs de l'acquéreur.

Les clients remarquèrent ce changement.

– Jadis, on vous disait : « Vous savez, je ne ferais pas cela pour n'importe qui » confie l'un d'entre eux. Et l'on devinait entre les lignes que cela signifiait : « Parmi les trente mille pigeons que je vois chaque année, vous êtes vraiment le plus saoulant ! »

« Mais c'est différent à présent. On vous détaille les options et facilités de paiement, sans aucune exagération pour vous forcer la main. On vous explique simplement : “Voici les avantages, voici les inconvénients. Si je peux vous aider en quoi que ce soit, dites-le-moi.” J'ai connu cet endroit quand il s'appelait encore Universal et, croyez-moi, ce n'était pas du tout pareil !

L'entreprise reçut des lettres avec les commentaires suivants :

« Nous avons passé un excellent moment à choisir notre voiture. »

« On s'est montré à mon égard aussi serviable et gentil qu'avec un ami. »

« Je suis veuve et je me demandais comment je serais accueillie. On m'a accordé une attention considérable et on m'a donné l'impression que j'étais importante… »

« J'avais évoqué avec mon entourage mes attentes quant à l'achat d'une voiture : un échange direct, honnête, plaisant et efficace. En découvrant Rochester Ford Toyota, j'ai trouvé une qualité de service que je croyais impossible. »

« En tant que jeune femme, j'ai été traitée avec considération et respect… »

« C'est la meilleure expérience que j'ai jamais connue chez un concessionnaire. Pourtant, au cours de mon existence, j'ai acheté plus de vingt-cinq voitures. »

Quelques mois auparavant, lorsque Rob avait annoncé sa nouvelle conception commerciale, plusieurs membres de l'équipe des ventes – notamment Sam Gross – avaient sérieusement envisagé de démissionner. Mais le propriétaire les avait convaincus de lui laisser six mois. Or, durant cet intervalle, les bénéfices augmentèrent de façon spectaculaire.

– C'est une réussite, confie Sam. Cela facilite grandement les choses quand on n'a pas à se soucier d'avoir fait une meilleure affaire que le voisin. À présent, je prends beaucoup de plaisir à travailler. Et mes anciens clients constatent combien j'ai changé.

Un jour, Rob s'est arrêté pour dire bonjour à un visiteur – un homme robuste à la carrure impressionnante – qui venait de signer un contrat avec un commercial.

– Je déteste les marchands de voitures, ronchonna-t-il avant d'ajouter avec un sourire : C'est la première fois que j'en achète une sans insulter personne !

Répondre à leurs désirs

Quelque temps plus tard, l'équipe regarda une vidéo sur l'initiative personnelle. John Miller y racontait une anecdote édifiante. Au restaurant, un jour, il avait demandé une limonade.

– Désolé, lui répondit le garçon, nous n'en faisons pas.

Pourtant, au bout de cinq minutes, ce dernier en déposait un grand verre sur sa table.

– Comment ? s'étonna Miller. Je croyais que vous n'en vendiez pas

– En effet, répliqua l'autre en souriant. Mais j'ai envoyé le gérant en chercher à l'épicerie d'à côté !

Deux ou trois jours après, un client entra dans le garage. Comme à l'accoutumée, le commercial lui proposa à boire.

– En fait, j'aurais vraiment envie d'un cappuccino, lança l'homme en plaisantant.

– Évidemment, nous n'en avions pas, explique Rob. Alors notre vendeur s'est dit : « Essayons quand même d'illuminer sa journée. » Tandis qu'il lui montrait les véhicules, un de ses collègues s'empressa d'aller chez l'Italien d'en face et revint avec un gobelet fumant. L'amateur de café n'en crut pas ses yeux. Et il acheta une voiture. Cependant, tout ce que l'équipe retint de l'événement fut l'expression de ravissement qui se lisait sur son visage.

Les bons commerciaux savent mettre leur interlocuteur à l'aise.

– Comment amener quelqu'un à débourser une grosse somme si on ne le fait pas rire ou passer un bon moment ? commente Dan Kocer, responsable adjoint des ventes.

L'entreprise amorçait un nouveau tournant. Toutefois le signe d'un changement véritable apparut quand les employés se mirent à prendre des initiatives, sans y être incités par la direction. Par exemple, au lieu de désigner du doigt le service des pièces détachées, ils y accompagnaient le client. Plutôt que d'abandonner une femme dans la salle d'attente, le temps d'essayer le véhicule qu'elle désirait céder, ils l'emmenaient avec eux. Quand ils voyaient arriver une mère avec un nourrisson s'évertuant à garer son van familial dans l'espace vidange, ils lui proposaient de prendre le volant à sa place.

John Davids s'efforçait d'illuminer la journée des gens au travers d'actes pour lesquels il n'était pas payé, comme s'assurer que l'intérieur et l'extérieur de l'automobile avaient été nettoyés avant l'arrivée de l'acquéreur.

– Même les personnes les plus serviables et généreuses doivent surveiller quotidiennement leur attitude, car il est trop facile de laisser les considérations pécuniaires prendre le dessus. Il faut entretenir chaque jour notre volonté d'être utile. À chaque instant, une amitié peut éclore. Ne serait-ce que la semaine dernière, un client m'a invité à dîner. Qu'est-ce qui peut rivaliser avec cela ?

– Cela ne plaît pas à tout le monde, mais lorsque quelqu'un se décide sur une voiture, nous fêtons l'événement, raconte Brian Kopek. Tous les commerciaux se réunissent pour l'applaudir, le remercier, lui offrir des fleurs ou des ballons. Vous imaginez !

Petits gestes

Llyod Hyberger est le calme incarné.

– Je suis assez tranquille, reconnaît-il. Je ne me torture pas pour des bricoles. Lorsqu'un client est pressé, je lui prête parfois ma propre automobile pour regagner son travail. Et il la ramène en fin de journée, en venant rechercher la sienne. S'il se produit un accident... Eh bien, les assurances sont là pour ça !

« J'aime que mon entourage se sente aussi détendu que moi. Par exemple, j'ai un ventilateur dans mon bureau. En été, dès que quelqu'un entre, je le tourne dans sa direction pour lui offrir une bouffée de fraîcheur. De même, l'autre soir, il faisait un temps glacial et j'ai reçu un appel d'une femme qui venait de l'Iowa et demeurait dans un hôtel près de la clinique de Rochester, où son mari recevait un traitement contre la leucémie. Sa voiture était en réparation chez nous, mais elle s'inquiétait déjà beaucoup pour son époux et ne désirait pas se rajouter des problèmes supplémentaires. “J'ai décidé d'en acheter une autre”, m'annonça-t-elle.

Alors, il lui dit de prendre un taxi, précisant qu'il paierait lui-même la course. Il l'invita à monter dans une voiture qu'il avait préalablement chauffée et lui fit traverser le parking, pour qu'elle puisse choisir.

– Entre-temps, nous avions déjà estimé la valeur de son ancien véhicule. Nous avons préparé celui qu'elle désirait acheter, avons transvasé ses affaires dedans. Comme elle connaissait mal les environs, je lui ai dessiné une petite carte pour lui permettre de retrouver son chemin.

Quand tout fut réglé, le garage était fermé depuis plus d'une heure.

Le lendemain, cette dame revint, accompagnée de son conjoint. Elle lui avait relaté l'épisode et il désirait personnellement remercier l'équipe de sa sollicitude. Cinq semaines plus tard, Lloyd reçut une lettre : « Alors que mon mari luttait courageusement contre son terrible mal, vous m'avez traitée avec tant de compassion et d'honnêteté qu'il a voulu vous rencontrer. Il a serré votre main un mois avant de mourir. »

– Nous avons seulement fait notre travail, commente Lloyd. Mais c'est sûr que cela m'a touché.

Puis il ajoute à voix basse :

– Mon Dieu, j'y pense tous les jours !

Changer

Malgré ces améliorations notables, il arrive que Rob ait envie que les choses évoluent plus vite.

– J'aime les solutions éclairs, confie-t-il. Cela fait partie de ma nature. Je veux tout, tout de suite. Vous voyez, l'une de mes principales frustrations provient d'un don particulier dont j'ai hérité : celui de déceler ce qui ne va pas chez les autres.

« Mais si l'on veut changer le monde, il faut changer soi-même. Cela s'est révélé une vraie leçon d'humilité. Je me suis aperçu que neuf problèmes sur dix au sein de mon entreprise n'étaient dus qu'à moi. Fort de cette compréhension, je me suis mis à travailler sur moi-même. Depuis, je constate que j'ai une influence bien plus importante qu'à l'époque où j'essayais de bonifier les autres.

C'est ainsi que Rob a amélioré sa capacité d'écoute.

– Parfois, il n'aime pas entendre des remarques quant à sa façon de gérer une situation ou de parler avec quelqu'un. Mais il réfléchit à vos propos, les apprécie et vous exprime sa réaction, témoigne Al Utesh.

Rob a aussi appris à accorder une certaine liberté à ses employés.

– Au plus profond de moi, si je suis vraiment honnête, je mesure encore la réussite en termes de bénéfices, avoue-t-il. Alors, quand un salarié prend une décision susceptible d'entraîner des répercussions financières, j'ai envie de le fusiller à vue ! Heureusement, nous affichons des pancartes où sont inscrits nos principes, notamment celui-ci : *Rien n'a plus de valeur que les gens.* Qu'est-ce que cela signifie en pratique ? Si vous accordez vraiment de l'importance à vos semblables, manifesterez-vous de la patience face à leurs efforts d'apprentissage ? Naturellement.

Rob se résolut également à prendre davantage en compte sa vision d'ensemble que des considérations immédiates.

– Un client de Lloyd nous a téléphoné, se rappelle-t-il. Il se rendait dans l'Idaho et le van qu'il avait acheté chez nous avait été endommagé par une tempête dans le Dakota. Il se trouvait dans un autre garage, où on ne pouvait pas le réparer le jour même. « Choisissez un véhicule chez eux, chargez-y vos affaires et votre marchandise, lui ai-je dit. Je le paierai pour vous. » Résultat : sa camionnette fut remise en état sur-le-champ. En constatant notre engagement, j'imagine que notre concurrent avait été piqué dans sa fierté.

« Au final, cet homme ne nous a pas seulement rapporté de l'argent. Il a également contribué à établir notre bonne réputation.

Tête baissée

Al Utesh, directeur des pièces détachées, avait démarré comme laveur de voitures vingt-neuf ans auparavant. Il avait songé à partir lors de la reprise de la société. Mais cette idée de donner le meilleur de soi-même se rapprochait grandement de l'éducation qu'il avait reçue de ses parents et qu'il essayait de transmettre à ses propres enfants.

Quand le responsable de la qualité démissionna, Rob vit en Al le meilleur candidat pour le remplacer, en dépit de l'opinion générale contraire. Al lui-même était dubitatif.

– Après toutes ces années au même poste, je me sentais dans un cocon de sécurité, confie-t-il. Alors la perspective d'une mutation me terrifiait. Durant deux mois, je n'ai pas dormi de la nuit.

Pourtant, Rob raconte qu'Al s'est lancé tête baissée dans l'aventure.

– Il a plongé sans même vérifier la température de l'eau. Il ne m'a même pas interrogé sur son salaire.

D'autres cependant ne voulaient rien entendre.

– Ils occupaient des fonctions clés, mais refusaient de s'aligner sur la philosophie que nous avions définie, se souvient Rob. Ils avaient choisi de tirer leur révérence. Sachant qu'ils rapportaient des bénéfices, en tant que propriétaire, j'ai demandé à Al : « Es-tu sûr de ne pas vouloir les retenir ? » Il m'a désigné les posters résumant notre mission et nos valeurs. Alors, je lui ai dit : « C'est bon ! Charge-toi de les remplacer ! »

Al embaucha plusieurs personnes qui n'avaient jamais travaillé dans le secteur de la qualité automobile. Il les choisit pour leur dynamisme, leur optimisme, leur serviabilité et les forma aux compétences nécessaires.

Il réaménagea aussi l'espace du département.

– Jadis, nous ouvrions les portes à 7 heures du matin. Les clients se bousculaient comme du bétail.

Al décida d'instaurer des rendez-vous toutes les quinze minutes.

– Mon objectif consistait à instituer des moments personnalisés pour bien cerner les problèmes des consommateurs.

Au bout de quelques mois, l'indice de satisfaction des clients hissait l'entreprise parmi les dix meilleures de la région dans ce domaine. Les bénéfices et parts de marché augmentèrent de façon spectaculaire. Les employés, quant à eux, manifestaient un enthousiasme sans précédent.

– Avant, nous nous occupions de voitures, déclare Al. Aujourd'hui, nous prenons soin des gens.

Monsieur Parfait

La première fois que Chuck Dery, gérant de la station-service voisine, entendit Rob parler de sa nouvelle philosophie, il lui dit qu'il considérait cela comme « de la foutaise ».

– Je le lui ai souvent répété, confie-t-il. Comment pouvait-il me raconter cette histoire de poissonniers et m'affirmer qu'en suivant leur exemple, tout irait mieux ? J'ai donc décidé de tester la méthode, juste pour lui prouver qu'il se trompait. Seulement, je me suis retrouvé pris à mon propre jeu : mon entreprise prospérait de jour en jour !

C'est ainsi que Chuck devint Monsieur Parfait.

– Les gens venaient me voir et me demandaient : « Alors, comment vont les affaires ? » Je répliquais : « À la perfection ! » Ils objectaient : « La perfection, ça n'existe pas. » Et pourquoi pas ?

« Si je m'autorise à passer une mauvaise journée, je gâcherai celle du moindre pompiste que je croise en à peine dix secondes, sans aucun problème. Si je suis mal luné ou contrarié par une dispute avec ma femme et que je laisse cela m'affecter, je ferais aussi bien de fermer boutique, parce que je suis la référence dans la société.

« Pour moi, chaque jour est parfait. Cela fait du bien de se le dire. J'ai convaincu une dizaine de mes amis de m'imiter et aujourd'hui, eux aussi sont devenus des Monsieur Parfait ! »

Remplir votre rôle

Julie Sweningson, responsable des pièces détachées, avait coutume de déjeuner avec deux mécaniciens.

– Nous ne cessions de nous plaindre à propos de nos collègues, se rappelle-t-elle.

Un jour, l'un des deux hommes lui demanda :

– Et que racontent les autres sur moi ?

Julie secoua la tête, mais il insista :

– Allez, n'aie pas peur, je peux tout entendre.

Elle lui parla alors franchement et le regrette :

– À compter de ce jour, nous n'avons plus jamais mangé ensemble.

Le travail dans ce secteur est particulièrement ingrat.

– On ne reçoit que des reproches. Souvent, il faut commander les pièces et les clients sont mécontents. Ils ne voient pas les efforts que nous déployons pour dénicher les articles nécessaires, réduire les délais, etc.

Finalement, Julie cessa de penser à ce qu'elle subissait pour se concentrer sur ce qu'elle donnait.

– Par le passé, lorsque nous avions un devis pour une pièce, mais qu'elle n'était pas immédiatement disponible, nous disions au client d'attendre qu'elle nous soit livrée par le fabricant. Aujourd'hui, nous n'hésitons pas à nous fournir chez un concurrent. Même si cela nous coûte plus cher et réduit notre marge, nous cherchons avant tout à satisfaire le consommateur. À court terme, nous y perdons, mais nous avons tout à y gagner sur la durée.

« En réalité, je ne comprends pas vraiment pourquoi cela fonctionne, mais je ne peux que constater les résultats. J'aimerais pouvoir affirmer que j'ai beaucoup changé, cependant, je retombe parfois dans mes anciens travers. Mais pas aussi souvent qu'avant. Je suis plus calme. Rob a partagé ses idées avec nous et nous avons grandement profité de son influence. Une augmentation ne m'aurait jamais incitée à modifier mon comportement. J'en ai vu beaucoup qui, même après une hausse sensible de leur salaire, n'ont pas bougé d'un iota. Ici, les employés ont l'occasion de progresser sur le plan personnel. C'est tellement mieux !

Faire la différence

Le père de Wayne Brueske, propriétaire d'une station-service à Rochester, ne recourait jamais à la publicité.

– Il pensait que, s'il ne réussissait pas par le bouche-à-oreille, il ne méritait pas d'être commerçant, explique son fils.

Ayant grandi entouré d'automobiles, Wayne devint un mécanicien hors-pair. Il intégra Universal Ford en 1980. Il avait été éduqué dans le respect du client et vers la fin des années 90, il avait constaté que la direction de l'entreprise – qui avait changé cinq fois en vingt ans – ne s'en préoccupait pas autant.

Il n'avait pas non plus l'impression que les responsables accordaient une attention quelconque aux employés.

– Pour les convaincre d'acheter des équipements susceptibles de nous faire gagner du temps ou d'améliorer les conditions de travail, il fallait livrer une véritable bataille.

Il s'efforça de ne pas laisser son découragement affecter la qualité de son travail. Cependant, les répercussions atteignirent tous les autres domaines de sa vie. Il déjeunait avec Julie Sweningson, se plaignait tout le temps et marchait tête baissée. Il avait eu deux propositions d'embauche quand Rob racheta la société. Lorsqu'il l'entendit développer sa nouvelle profession de foi, il songea :

– Même s'il ne tient que la moitié de ses promesses, nous irons mieux. Je partageais son attachement à la satisfaction du client. Alors, je me suis dit : « Imaginons que j'accepte un autre poste, cela va-t-il vraiment m'aider à changer ou vais-je uniquement transposer mes problèmes dans un cadre différent ? »

Wayne décida donc de rester, mais son attitude ne se métamorphosa pas du jour au lendemain. Il eut notamment une prise de bec avec Rob au sujet d'une revendication et son patron lui lança :

– Si vous trouvez la situation tellement intolérable ici, peut-être devriez-vous partir.

Les choses auraient pu en rester là. Mais Rob proposa de se réunir avec Wayne et tous les mécaniciens une fois par semaine. Personne ne les avait jamais traités ainsi.

– Au début, je croyais que nous résoudrions certaines questions relatives à la boutique, explique Wayne. Mais ce que je prévoyais ne s'est pas produit. Et d'ailleurs, je m'en porte d'autant mieux. En effet, la plupart du temps, Rob parlait de nos valeurs et du fait qu'en donnant le meilleur de nous-mêmes, nous pouvions surmonter bien des obstacles.

Rob aussi sortit gagnant de ces échanges.

– Partager ce que nous avions en tête, nos préoccupations, les problèmes des uns et des autres, nous a aidés à nous concentrer sur nos points communs, à nous rassembler, dit-il.

– Auparavant, confie Wayne, j'avais peur d'exprimer ce que j'éprouvais. Ne sachant pas comment ce serait perçu par la direction, je craignais de perdre mon emploi. Mais avec Rob, j'ai l'impression de pouvoir tout dire sans que cela se retourne contre moi.

Il entreprit de déterrer des choses qu'il avait enfouies au fond de lui.

– J'ai commencé à sortir de ma coquille pour montrer aux gens combien j'appréciais leurs petits gestes à mon égard, qui me rendaient l'existence plus facile, plus gaie, plus simple.

Il s'engagea au sein du comité d'entreprise qui instaura notamment l'usage des cartons de félicitations. Le jour de leur mise en service, Al Utesh décida de remédier à un désagrément dont tout le monde se plaignait depuis longtemps. La haie d'arbustes qui bordait le parc était devenue envahissante. Malgré la chaleur étouffante et moite, il passa un long moment à la tailler. Lorsqu'il retourna à son bureau, il y trouva l'un de ces cartons, sur laquelle il put lire : « Merci. Vous avez fait la différence aujourd'hui. » Signé Wayne.

– Cela peut paraître étrange de voir des mécaniciens s'échanger des mots doux, mais cela a illuminé ma journée, commente Al.

Wayne savait que son parcours ne serait pas dénué d'obstacles. Mais il avait désormais une idée de ce à quoi pourrait ressembler son lieu de travail.

Jour après jour

Au printemps 2001, Rochester Ford Toyota en était encore au début de l'aventure.

– Nous sommes nombreux à bord, mais c'est une lutte constante, raconte Brian Kopek. Nous devons continuer d'avancer avec patience, compassion et compréhension.

Néanmoins, de grandes étapes ont été franchies au sein de l'entreprise. Les cinq domaines – enthousiasme des clients, satisfaction des employés, bénéfices financiers, parts de marché, progression constante – ont tous connu une amélioration sensible.

Le panneau *Venez pêcher chez nous* était affiché depuis plus d'un an quand Rob décida qu'il était temps d'en changer.

– Pour moi, *Fish !* était devenu comme une case cochée. Je me disais : « Le personnel a compris le message. C'est bon. Passons à autre chose. »

Mais lorsqu'il suggéra à ses cadres de modifier le slogan, ces derniers le considérèrent avec effarement. Et ils eurent tôt fait de lui remettre les idées en place.

– Vous pensez qu'en tant qu'équipe, nous avons vraiment intégré la notion de « choisir son attitude » ? demandèrent-ils.

– Euh, non. Pas tous les jours…

– Et vous croyez que nous vivons réellement l'instant présent, sans crainte du passé ni de l'avenir, et que nous sommes toujours là pour les autres ?

– Pas toujours… pas encore.

– Et vous jugez que nous mesurons pleinement l'énergie qui découle du fait de se démener pour vraiment aider autrui ?

– Ben… non.

– Et vous considérez que, dans notre environnement, le jeu constitue le prolongement naturel d'une atmosphère où règne un haut niveau de confiance et de fiabilité ?

– Non.

– Et vous êtes prêt à passer à autre chose ?

– Eh bien… non, concéda Rob. Je pensais seulement que si jamais nous envisagions de le faire…

Finalement, la société mit au point un nouveau panneau qui listait quatre points : 1. Jouer et rester gai, 2. Illuminer leur journée et faire la différence, 3. Être présent, ici et maintenant, 4. Choisir son attitude et assumer ses responsabilités.

– Ils m'ont ramené sur le droit chemin. La discipline ne m'a jamais enchanté. Pourtant, la mise en œuvre de notre vision, de la *Fish !* philosophie, n'est qu'une question de discipline. J'ai foi dans ces valeurs et dans les gens qui y adhèrent. Je sais que nous recevrons toujours plus. Mais je suis humain et de nature sceptique. Alors, je me dis : « D'accord, ça a fonctionné jusque-là. Mais que devrions-nous faire *d'autre* ? »

« Or, il n'y a rien d'autre à faire. Nous devons seulement continuer à œuvrer selon nos principes, jour après jour.

MENUS FRETINS

VOUS POURRIEZ ÊTRE LE PROCHAIN

Le comité *Fish !* d'une entreprise d'informatique a imaginé toutes sortes d'activités ludiques. Par exemple, les murs ont été recouverts de papier kraft, sur lequel les employés pouvaient créer leurs propres graffitis (dans les limites de la bienséance). Plusieurs concours ont également été organisés, notamment celui du plus bel œuf de Pâques. Mais l'événement le plus mémorable se produit régulièrement lorsqu'un membre du service, en entrant dans son bureau, découvre qu'il a été nommé « Héros du jour », bannières et décorations à l'appui. Et personne, hormis le comité, ne sait qui sera le prochain.

Quel meilleur moyen de se rappeler l'importance d'illuminer la journée d'autrui que de voir vos collègues illuminer la vôtre ?

UN PEU DE SOULAGEMENT EN PÉRIODE DE STRESS

Comment résister à un comptable qui vous offre de l'aspirine en période de bilan ? Durant la période des déclarations fiscales, ce centre des impôts d'une petite ville a pour devise de prodiguer des sourires, même aux clients qui doivent de l'argent. Tout le personnel s'habille de façon décontractée afin de ne pas adopter une attitude trop rigide. On distribue des sucettes et des jouets aux enfants et les chiens sont acceptés dans les locaux.

Quant aux contribuables, on leur propose un verre de vin ou de bière pour les soulager de leurs malheurs – ce n'est qu'une plaisanterie, mais cela les détend tout de même. Ce petit bureau est composé de seulement trois experts, assistés d'une poignée de stagiaires, et pourtant, il remplit plus de deux mille déclarations en moins de dix semaines chaque année.

ESTAFETTE EN FOLIE

Vous vous rappelez l'estafette qui vous emmenait à l'école ? Le conducteur vous ignorait et vous espériez ne pas vous faire remarquer des grands au fond. Voici comment le responsable de la formation et de la sécurité d'une société de ramassage scolaire dans le Colorado a transformé ces moments de séparation journaliers en souvenirs amusants et mémorables.

Quand il est au volant, il salue chaque élève qui monte. Parfois, il en choisit un au hasard et lui demande son ticket. Or, ce service se paye au forfait et personne ne présente de billet. Alors, si l'enfant lui répond qu'il n'a pas le sien, il lui lance :

– Eh bien ! Tu n'as qu'à t'asseoir et rigoler un peu !

Quand la camionnette est presque pleine, il invite les jeunes passagers à accueillir le suivant en lui chantant « Joyeux anniversaire ». Cela provoque immanquablement des réactions de surprise et de joie. Il complimente aussi certaines fillettes sur leurs chaussures et leur demande de les lui prêter pour la journée.

Les élèves adorent ce genre de plaisanteries. En agissant ainsi, le chauffeur leur témoigne de l'attention et de l'intérêt. Du coup, il n'a pas besoin de grand-chose pour faire régner le calme et le trajet devient pour eux une vraie fête.

DE FIL EN AIGUILLE

Illuminer la journée d'autrui implique souvent une idée de surprise. Une femme était venue accompagner son mari chez l'opticien. Pendant qu'on examinait les yeux de son époux, elle bavarda avec une employée et mentionna qu'elle adorait confectionner des vêtements pour ses petits-enfants.

– Moi aussi, je tricotais beaucoup autrefois, répondit son interlocutrice. Je possède d'ailleurs tout un sac de laine dont j'aimerais bien me débarrasser. Cela vous intéresserait ?

La cliente trouva cette proposition très sympathique, mais ne la prit pas au sérieux. Quelques jours plus tard, le facteur lui livra un colis. À sa grande stupéfaction, elle découvrit qu'il était rempli de pelotes multicolores.

LE RUBAN ROUGE

Durant les jours qui suivirent les attentats du 11 septembre 2001, l'atmosphère était plutôt morose dans les bureaux. Beaucoup de gens, notamment ceux qui, comme nous, vivaient loin de New York et de Washington, se demandaient :

– Que puis-je faire Quelle aide puis-je apporter ?

Hormis les dons d'argent ou de sang, nous nous sentions assez démunis.

Or, à cette époque, l'une de nos collègues se rendit dans un fast-food pour déjeuner. Elle fut accueillie par le gérant, qui tenait un rouleau de ruban rouge. Il en coupa un morceau et lui demanda si elle voulait bien l'épingler à sa veste. En regardant alentours, notre collaboratrice aperçut alors des dizaines de personnes – secrétaires, étudiants, ouvriers, cadres – arborant ce même petit insigne. L'espace d'un instant, tous ces gens, qui seraient normalement entrés en hâte sans prêter attention à quiconque, se retrouvaient liés par un simple bout d'étoffe.

UN POISSON PREND LE LARGE

Dans l'hôpital précédemment cité, qui avait intégré la notion de jeu à ses principes, le départ d'un patient s'accompagne d'une coutume sympathique. Dès qu'il a signé son bon de sortie, les employés se passent le mot : « Untel prend le large ! » Alors, toute l'équipe se rassemble dans le hall et lui souhaite « Bon vent », dans une effusion d'affection.

UNE ORGIE DE GÂTEAU

Le fils de Harry Paul joue au base-ball. Or, à la fin de la saison, il est d'usage d'offrir un goûter à toute l'équipe. Le jour en question, Harry arriva donc au stade, les bras chargés d'un gâteau au chocolat préparé par son épouse, ainsi que d'assiettes en cartons, de fourchettes en plastique et de serviettes en papier.

Une fois le match terminé, il fut assailli par les jeunes sportifs, dégoulinants de sueur et couverts de boue. Regardant alors tout ce petit monde et sa vaisselle à fleurettes, il se laissa porter par l'inspiration du moment.

– OK, dit-il. Je peux découper le gâteau en jolies parts carrées et vous le servir dans les assiettes, ou vous pouvez juste piocher dedans.

– Nous préférerions de la porcelaine et de l'argenterie ! répliquèrent les joueurs.

C'est alors que douze paires de mains se jetèrent joyeusement sur le plat. Tandis que Harry ramassait sa vaisselle inutile, il vit l'entraîneur se faire courser par douze gamins déchaînés, qui voulaient lui faire partager leur euphorie.

Chapitre 3 - Être présent

On peut être multitâches avec les choses, mais on doit être présent avec les gens.

Au marché de Pike Place, les poissonniers ont appris que les clients désirent recevoir toute leur attention quand ils s'occupent d'eux. La magie de cet endroit réside, pour une grande part, dans le fait que chacun des employés est pleinement présent.

Votre travail avance-t-il mieux quand vous pensez à autre chose ? Lorsque vous demeurez dans l'ici et maintenant, sans vous attarder sur le passé ni vous soucier de l'avenir, vous vous ouvrez aux occasions à saisir et aux besoins de ceux que vous croisez. Vous y gagnez une perspective plus saine et multipliez votre potentiel de concentration et de créativité.

Il n'existe pas de secteur nécessitant davantage cette aptitude que la santé. Lorsque vous vous efforcez de prodiguer les meilleurs soins possibles à un patient tout en songeant à réduire les dépenses et à vous adapter au changement constant, cela peut engendrer un environnement très stressant. C'est pourquoi ce contexte fournit d'importants enseignements, valables dans bien d'autres domaines.

Être présent signifie se consacrer entièrement à ce qu'on fait, notamment dans les interactions avec autrui. Si vous vous trouvez avec une personne particulièrement vulnérable, une telle attitude peut avoir des effets positifs voire curatifs. Les patients des hôpitaux, maisons de retraites, établissements psychiatriques, ainsi que les enfants, se révèlent extrêmement fragiles. La capacité du personnel soignant ou des éducateurs à se montrer totalement disponible constitue sans doute la plus essentielle des qualités. Pour vous en convaincre, rappelez-vous simplement ce que vous avez éprouvé la dernière fois que quelqu'un vous a accordé sa pleine et entière attention.

Papa

Voici quelques années, mon père a subi une grave attaque et il vit aujourd'hui dans une maison de repos. S'il a perdu toute autonomie et s'il s'exprime de manière peu articulée, il comprend tout ce qui se passe et se dit autour de lui.

Il est difficile de travailler dans ce type d'institution. Les tâches sont souvent désagréables, l'atmosphère déprimante, et les salaires bien médiocres. Alors ces postes sont fréquemment occupés par des personnes récemment installées dans la région. C'est visiblement le cas dans l'établissement de mon père. Un matin, une nouvelle aide-soignante est entrée dans sa chambre pour le préparer. Tandis qu'elle l'habillait et le lavait, elle lui parlait comme s'il était le centre de l'univers. Le fait qu'elle ne puisse pas déchiffrer ses paroles ne semblait pas la déranger. Quant à Papa, son visage s'éclairait de minute en minute.

La jeune femme qu'on venait d'embaucher se montrait efficace, et elle manifestait aussi sa sagesse. Elle tenait compte du fait que mon père avait un esprit et une âme, et prenait soin de ces derniers.

« Je n'ai pas le temps ! »

Carr Hagerman avait été sollicité comme intervenant auprès d'une équipe d'infirmières, lorsqu'une d'entre elles s'exclama :

– Je n'ai pas le temps de m'occuper de tout cela. Je suis déjà surchargée !

Une collègue répliqua immédiatement :

– Il ne s'agit pas d'en faire plus, mais de nous concentrer sur qui nous sommes quand nous effectuons notre travail. Quand nous nous occupons d'un patient, nous pouvons être là physiquement ou *totalement.* La différence pour le malade est considérable. D'ailleurs, toutes ces choses auxquelles nous pensons et qui nous préoccupent ne s'en retrouvent pas davantage accomplies. Alors, pourquoi ne pas nous consacrer pleinement à l'instant présent ?

Les autres se turent un moment pour réfléchir, puis se lancèrent dans un échange passionné sur leur présence auprès du malade – physique, émotionnelle et spirituelle – et sur la vocation ancestrale de leur métier.

L'histoire qui suit relate l'expérience d'un groupe de professionnels de la santé, qui ont réussi à transformer une partie du système hospitalier dans lequel ils travaillent, en se dévouant à la notion d'être présent, tant avec les patients qu'avec les autres employés.

Le soin par la présence : Missouri Baptist Medical Center

Shari Bommarito a choisi la carrière d'infirmière parce qu'elle voulait se consacrer aux autres à la fois sur le plan physique et émotionnel.

– Je m'occupais d'un patient en phase terminale de cancer, raconte-t-elle. Son épouse ne supportait pas de le voir souffrir. Elle voulait qu'on arrête de s'acharner, de tester tous les traitements possibles. Il éprouvait le même sentiment, mais n'osait l'exprimer pour ne pas chagriner sa compagne.

« À l'époque, ma tournée me laissait assez de temps pour que je puisse leur parler. Je les ai fait asseoir l'un en face de l'autre et je les ai encouragés : "Vous devriez vous dire mutuellement ce que vous ressentez vraiment." Lorsque j'ai tiré le rideau, ils se tenaient la main. Finalement, la femme est sortie de la chambre et m'a annoncé : "On arrête tout."

Le métier d'infirmière implique parfois de graves décisions. Parfois aussi, il consiste à administrer des cachets et à refaire les lits. Mais il demande toujours d'être totalement présent auprès du patient.

Cependant, si les soins médicaux se sont améliorés de manière spectaculaire, ils laissent de moins en moins l'occasion de répondre aux besoins affectifs des gens. Le temps passé auprès du malade a été remplacé par la surveillance des écrans de contrôle. Les séjours hospitaliers sont devenus plus courts et la liste des tâches à accomplir plus longue.

– L'accompagnement figure parmi les dernières priorités, commente Shari. Si vous parvenez à vous en charger, tant mieux. Sinon, tant pis.

« J'en ai marre ! »

Par une journée étouffante de l'été 1999, Shari était dans sa voiture, bloquée dans les encombrements. Elle avait la migraine. Elle venait de divorcer, l'un de ses fils souffrait d'asthme et elle reprenait son emploi à plein temps. La séparation d'avec ses petits rendait ce trajet d'une heure d'autant plus frustrant. « J'en ai marre ! » se dit-elle. Puis, les mots « Missouri Baptist » lui vinrent subitement à l'esprit.

À l'époque, elle formait les infirmières du Barnes Jewish Hospital de Saint-Louis – cité comme l'un des meilleurs dispensaires des États-Unis par la presse spécialisée.

– C'est une structure high-tech très performante, explique-t-elle. Vous y voyez des choses inimaginables dans d'autres hôpitaux.

Le Missouri Baptist Medical Center, situé dans le même district, avait récemment intégré la même chaîne d'établissements. Malgré sa petite taille, il était renommé pour ses services de cancérologie, d'orthopédie et de cardiologie. Quant à sa maternité, elle avait vu les naissances quadrupler en deux ans. Or, ce centre se trouvait à cinq minutes de chez Shari. En dépit de ses hésitations à quitter le Barnes Jewish Hospital, qui était pour elle comme le centre du monde, elle posa sa candidature au Missouri Baptist et fut embauchée. Sa mission consistait à s'assurer que le personnel infirmier disposait des ressources nécessaires pour demeurer efficace et compétent sur le plan clinique.

Elle effectua sa première tournée, « morte de peur ». Pourtant, tous ceux qu'elle croisait la regardaient dans les yeux et la saluaient avec un sourire. Au début, elle se sentait un peu mal à l'aise. Sur son précédent lieu de travail, les couloirs interminables fourmillaient de gens trop pressés pour adresser un mot à quiconque.

– Ils sont d'une amabilité presque excessive, murmura-t-elle alors à son guide en plaisantant.

– C'est ce que nous attendons d'eux, expliqua son interlocuteur. Ici, nous nous arrêtons pour aider quelqu'un qui s'est perdu, nous disons bonjour, nous sourions, nous nous montrons avenants.

– « Je crois que c'est dans mes cordes », pensa Shari, ravie.

Pendant le déjeuner, une employée lui demanda où elle allait travailler.

– Au cinquième étage, en néphrologie.

– Mon Dieu ! Là-bas ? s'écria l'autre sur un ton affolé.

Shari sentit son anxiété revenir : « Personne ne vous parlerait ainsi le jour de votre arrivée ! Où donc ai-je mis les pieds ? »

Lorsqu'elle se rendit au cinquième, elle fut chaleureusement accueillie par l'infirmière en chef, Hilda VanNatta, qui saisit ses deux mains en lui disant :

– Je suis heureuse que vous soyez là.

Tandis qu'elle répondait d'un signe de tête, elle songea : « Cette femme m'a l'air bien fatiguée. »

Le sentiment de pression

Missouri Baptist était réputé pour la compassion de son personnel.

– J'ai toujours connu des employés très bienveillants à cet étage, raconte Hilda. Le jour de Thanksgiving, deux infirmiers qui n'étaient même pas de garde ont apporté un dîner de fête à une patiente et ont sacrifié leur soirée pour la passer avec elle.

Pourtant, même les gens les mieux intentionnés peuvent ressentir la pression inhérente au service de néphrologie.

– Nous traitons des attaques, des scléroses multiples, des tumeurs du cerveau. Certains patient sortent d'opérations difficiles, précise Hilda. Ce sont des cas compliqués, car les troubles rénaux engendrent toutes sortes de problèmes. Beaucoup de malades viennent ici toutes les six semaines pour une dialyse. On les appelle les « habitués ».

– Voici quelques années, beaucoup de ces patients se seraient retrouvés en réanimation, confie Cathy Flora, chef d'équipe. Aujourd'hui, les compétences techniques de notre personnel sont beaucoup plus développées et nous disposons de l'équipement nécessaire.

Pratiquement tous les malades du service sont dans l'incapacité de s'asseoir ou de se lever seuls. Il faut deux ou trois infirmières pour les soulever, les baigner et même les alimenter.

– Comme certains sont en chambre stérile, nous devons revêtir une blouse et un masque jetables avant d'entrer, précise Shari. Une fois sur place, si nous avons besoin de quelque chose, nous demandons à un collègue de nous l'apporter. Sinon, nous devons nous déshabiller, aller chercher ce qui manque et nous rhabiller. Nous comptons donc beaucoup sur les autres.

À l'automne 1999, la charge de travail augmenta sensiblement.

– Nous fonctionnions alors en nous disant : « Je finis d'abord mon travail avant d'aider quiconque » avoue-t-elle. Je voyais des collègues en tenue stérile dans les couloirs qui attendaient un coup de main. Lorsqu'ils recevaient du renfort, ils ne prenaient pas la peine de remercier. On pensait simplement : « C'est ton boulot. »

Sharon Sanders, infirmière récemment diplômée, savait que ses collègues faisaient de leur mieux.

– Je trouvais qu'ils n'étaient pas toujours serviables ou solidaires, confie-t-elle. Je me sentais parfois découragée en arrivant au cinquième. Cependant, étant nouvelle dans le métier, je pensais : « C'est sans doute cela, la réalité. »

Une invitation à la manière *Fish !*

Hilda et Cathy convinrent que leur personnel avait besoin d'aide. Avant de planifier sa formation, Shari Bommarito demanda aux salariés leur sentiment dans six domaines : 1. esprit d'équipe, 2. attitude positive, 3. communication, 4. soutien aux autres, 5. satisfaction, 6. prise en considération de leur avis.

Les réponses se révélèrent alarmantes : seuls 15 à 30 % des employés aimaient leur travail. Hilda se disait prête à envisager toutes les solutions. Alors Shari lui proposa la *Fish !* philosophie, dont elle avait entendu parler au Barnes Jewish Hospital :

– Nous avions besoin d'un groupe soudé et je savais que c'était la base de cette approche.

Elle créa donc des affichettes avec le dessin d'un poisson déguisé en clown jonglant avec des étoiles, des coquillages et des crabes. L'illustration était commentée par la phrase suivante : *On voit de drôles de poissons ici !* Elle placarda ces dessins dans tout le service et laissa à ses collègues quelques jours pour se demander ce que cela pouvait bien signifier. Puis elle invita l'ensemble de l'équipe – infirmières, aides-soignantes, médecins, intendantes – à se réunir pour une présentation de la méthode *Fish !* Et surtout, elle indiqua qu'il y aurait des gâteaux faits maison.

Les employés se rassemblèrent par groupe de dix, avant ou après leur service, et Shari leur projeta la vidéo sur les poissonniers de Seattle. Elle leur expliqua leur démarche : être toujours présent et à l'écoute des besoins de son interlocuteur, manifester de petites attentions à l'égard de chacun, assumer la responsabilité de sa propre attitude même les jours les plus difficiles, et trouver des manières d'apprécier la journée. Elle conclut que cela correspondait exactement à la vocation d'un personnel soignant.

Elle s'arrêta aussi sur une scène où l'on voyait Justin, un jeune marchand, qui, interrogé sur son esprit positif, répondait : « C'est un choix très simple. »

Alors, elle commenta :

– Vous avez entendu cela ? Voilà un jeune homme de vingt-quatre ans qui a *choisi* d'illuminer la vie des acheteurs de poissons ! Si ce garçon y arrive, alors nous aussi, nous pouvons choisir d'illuminer la vie des malades et des mourants.

Puis Shari parla de son trajet quotidien en voiture. Il y avait des travaux sur la route, certaines voies étaient fermées et la circulation devenait presque impossible.

– En rentrant chez moi, je me rabats systématiquement sur le côté pour laisser passer les autres automobilistes. Ils me font un signe de la main et leurs enfants m'envoient des baisers. Je me sens heureuse pour eux, parce que je comprends combien il est pénible de rester bloqué dans les encombrements.

« Eh bien, c'est exactement cela, l'idée. Il faut prendre le temps d'être là pour les autres, de témoigner un peu de gentillesse à travers des gestes simples. Et quand on nous en remercie, nous éprouvons un tel bien-être qu'on a tout naturellement envie de recommencer.

Son exposé ne convainquit pas tout le monde. Une infirmière, persuadée qu'il s'agissait là d'un nouveau « programme » visant à demander plus d'efforts au personnel, demanda :

– Que veulent-ils encore de nous ?

Shari répliqua immédiatement :

– *Ils* ne veulent rien. Ou plutôt si. *Ils* veulent que vous appréciiez ce que vous faites pour les autres. *Ils* veulent que vous soyez gais. *Ils* veulent que vous restiez. Et vous, que voulez-*vous* ?

Après un lourd silence, la femme admit :

– Je veux la même chose.

La grande distribution de poissons

À la fin de chacune de ces réunions, Shari distribuait aux participants de petits poissons en plastique, qu'on pouvait fixer sur les badges.

– Quand quelqu'un a un geste gentil envers vous, donnez-lui votre poisson, leur recommanda-t-elle. Si vous n'en avez pas assez, demandez-m'en. J'en ai prévu un stock !

Bientôt, les salariés en déversaient dans tout l'hôpital. Quand l'un d'eux était surchargé, ses collègues lui proposaient de prendre le relais. Les femmes de ménage aidaient les infirmières à nourrir les patients. Durant leurs pauses, les employés se rendaient service les uns aux autres.

– Nous avons commencé à ressentir un vrai esprit d'équipe, de solidarité, au lieu de travailler chacun dans notre coin, témoigne Cathy.

Un jour, à la cafétéria, Shari remarqua un poisson sur la blouse de la caissière.

– Je ne sais pas ce qui m'a valu cela, lui expliqua cette dernière. Mais une aide-soignante me l'a tendu en me disant que j'étais gentille.

– À présent, vous pouvez le redonner à une autre personne qui se montrera attentionnée à votre égard, lui suggéra Shari.

La femme acquiesça avec plaisir :

– Et comment !

Selon Sharon Sanders, ces petites « médailles » contribuèrent à briser la glace.

– Parfois, les adultes ont du mal à complimenter ou remercier ouvertement. En tout cas, c'était jadis notre cas. Depuis, les choses ont changé.

Cette pratique permettait également de féliciter les gens en à chaud.

– Les infirmières raisonnent en termes de tâches, explique Cathy. Elles ont besoin de témoignages spécifiques pour des actes spécifiques.

Si, au début, certains offraient leur aide uniquement pour recevoir un poisson, leur véritable récompense se révéla vite différente.

– Illuminer la journée d'une personne dépasse la simple prévenance, précise Shari. Cela implique de dévier un peu de sa propre route pour se soucier d'autrui. C'est comme une endorphine, cela vous recharge et vous ne pouvez plus vous en passer.

Ce processus amena les gens à mieux se connaître.

– Je trouvais l'une de nos secrétaires un peu antipathique, confie Shari. Mais je me trompais sur son compte. En fait, elle se révélait toujours prête à rendre service. Elle collectionna tant de poissons qu'elle décida de les assembler en un collier de cinquante centimètres !

Jouer avec les malades

Les infirmières distribuaient aussi des poissons aux patients.

– S'ils s'étaient levés du pied gauche, je leur donnais un poisson en leur disant : « Voici un copain qui vous tiendra compagnie », raconte Sharon Sanders. Un homme en avait ainsi récolté une demi-douzaine, qui avaient malencontreusement été emportés avec ses draps. Cet incident l'avait tellement contrarié que nous nous sommes dépêchés de les remplacer.

Carol Johnson offrit un de ces trophées à un malade qui avait déployé des efforts considérables durant sa séance de rééducation.

– Il a souri comme s'il venait de toucher un million de dollars, se rappelle-t-elle.

Simultanément, Shari Bommarito remarqua que les infirmières passaient plus de temps au chevet des patients.

– Normalement, elles restaient debout, à remplir la fiche où elles devaient noter les divers soins prodigués. Or, j'en ai vu certaines qui s'asseyaient près du malade pour ne pas le regarder de haut et établir un lien plus intime. Ce genre de détail compte beaucoup, en particulier pour les personnes âgées.

Beaucoup de malades réclamaient des poissons afin de les distribuer au personnel et les familles écrivaient des mots de remerciements sur des cartes représentant des poissons.

Bientôt, tout l'étage abritait des patients qui, malgré la gravité de leur état, souriaient et s'amusaient ensemble.

– Je suis gaie de nature, déclare Sharon Sanders. Et je partage ma bonne humeur au travail. Avant, j'hésitais à le faire : je craignais que cela passe pour de l'indécence. Je crois pourtant que nous devons nous efforcer d'apporter une touche de joie dans l'existence des autres, même au seuil de leur mort.

Et elle sait combien c'est important. En effet, voici trois ans, son mari Scot a été frappé par une leucémie. Mère au foyer de trois petits, elle entreprit de devenir infirmière.

– J'ai traversé de dures épreuves. Il faut savourer pleinement chaque instant et être aussi heureux que possible. Je ne m'imagine pas vivre autrement.

Un concours d'autocollants

En janvier 2000, Shari Bommarito revenait de deux semaines de congé quand, en sortant de l'ascenseur au cinquième étage, elle découvrit que tout le service était décoré de poissons : mobiles suspendus aux plafonds, aimants collés dans les chambres. Au mur, on avait également accroché un grand tableau sur lequel étaient inscrits les mots : « Équipes FISH ».

– En longeant le couloir, je me demandais ce qui se passait, raconte-t-elle. Je pénètre alors dans le bureau de Cathy et Hilda, que je trouve en train de rire. En fait, elles attendaient la visite des inspecteurs du ministère de la Santé et leur avaient concocté un accueil original.

C'est ainsi que Cathy et Hilda répartirent les salariés en plusieurs groupes de huit ou neuf, dont un médecin. Chacun devait désigner son capitaine et se donner un nom de poisson : les barracudas, les anges de mer, les piranhas, les mérous de la nuit. Elles organisèrent aussi un concours : lorsque les membres d'une équipe avaient terminé une tâche, ils recevaient des autocollants. Au bout de trois mois, le groupe qui en aurait collecté le plus gagnerait des prix et une fête en son honneur.

Ce jeu faisait également appel à des notions d'apprentissage et aux compétences de chacun. Par exemple, sur des bristols découpés en forme de poissons, figuraient des questions concernant les traitements et toute bonne réponse rapportait un autocollant. Il fallait aussi créer des affiches afin d'informer le personnel sur certains médicaments rares : la plus belle ajoutait encore une récompense à l'équipe qui l'avait créée. À mesure que les groupes accumulaient des vignettes, ils développaient aussi des connaissances qui amélioraient la qualité de leurs soins.

– Grâce à ce processus ludique, nous avons découvert de nombreuses façons de nous perfectionner, témoigne Shari. L'un de nos médecins déplorait que les glycémies ne soient pas toujours notées au bon endroit. Une infirmière lui demanda l'autorisation d'utiliser sa photo. Comme il était bon joueur, il accepta. Elle créa alors un montage en superposant son portrait sur un Neptune de bande dessinée, avec, comme légende : *N'oubliez pas de relever les glycémies !* En voyant cette image placardée dans tout le service, les employés éclatèrent de rire et se montrèrent moins négligents.

Cette émulation ludique eut des résultats surprenants.

– Nous voulions vraiment gagner ce concours, se souvient Sharon Sanders. Nous nous comportions comme des gamins. Nous nous plantions devant le tableau des autocollants et nous disions aux autres : « Regarde ! Mon équipe en a sept et la tienne seulement quatre ! »

La clarinette et le chef d'orchestre

Quand Leo Carter, aide-soignant en néphrologie, entendit parler de la nouvelle philosophie, un large sourire éclaira son visage.

– Je me suis dit : « Voilà exactement ce qu'il nous faut. »

Quelques années auparavant, alors qu'il avait vingt-deux ans, son père était mort.

– À l'époque, j'aurais aimé savoir ce que je sais aujourd'hui, confie-t-il. Mais personne n'est venu vers moi pour essayer de soulager ma peine. Et puis j'ai été embauché au Missouri Baptist. C'était la première fois que je m'occupais de gens qui souffraient et j'ai compris que je ne pourrais plus jamais revenir en arrière. Je travaillais avec des cancéreux à l'espérance de vie très courte. Pourquoi la meubler uniquement d'instants de douleur, alors qu'on peut y insuffler un peu de joie ?

À cette fin, Leo décida de recourir à la musique.

– Quand les patients sont déprimés, je leur fredonne des mélodies, j'imite Elvis et cela leur redonne le moral. Récemment, une vieille femme refusait de s'alimenter. Sa fille est venue me trouver parce que, selon elle, je savais m'y prendre avec sa mère. Je me suis donc assis à son chevet et je lui ai dit que je chanterais pour elle si elle avalait deux ou trois bouchées. Elle a englouti la moitié de son repas. J'étais plutôt content.

« J'adore entretenir ce genre de lien avec un malade et recevoir la confiance des familles. Rien ne me fait plus plaisir que d'entendre un proche me confier : "Comme vous serez ici ce soir, je pourrai dormir tranquille."

Beaucoup de patients du cinquième ont du mal à trouver le sommeil. Une nuit, Leo décela des signes inquiétants chez un patient de quatre-vingt-dix ans. Le vieillard, agité, essayait d'arracher sa perfusion. Leo tenta de le calmer en le berçant doucement, mais rien n'y faisait. Alors, il songea qu'il devait appeler un médecin afin d'obtenir l'autorisation de l'attacher. Mais il n'aimait guère en arriver à de telles extrémités.

À ce moment-là, l'infirmière Olya Senchenkova entra dans la chambre. Tandis qu'ils réfléchissaient ensemble à la meilleure façon de procéder, Olya dit :

– Savais-tu qu'autrefois, il dirigeait un orchestre symphonique ?

– Vraiment ? répliqua Leo.

Et, malgré tout le travail qui l'attendait, il ajouta :

– J'ai ma clarinette dans ma voiture.

– Va la chercher. Je prendrai le relais pour toi, proposa Olya.

Leo avait joué dans la fanfare de son université et venait de récupérer son instrument, qu'il avait récemment prêté à sa nièce. Il s'exerça alors pendant une minute ou deux.

– Cela faisait un an que je ne l'avais pas touchée et je ne voulais pas que ce grand chef me l'ôte de la bouche !

De retour au chevet du malade, il entama le premier morceau classique qu'il avait appris, *Pierre et le Loup*, puis poursuivit par la musique du *Muppet Show.*

Tandis que les notes emplissaient la pièce, il se produisit quelque chose d'étonnant. Le vieillard se calma, se rallongea, ferma les yeux et sourit. Puis, il se mit à remuer des mains, comme s'il se tenait sur scène, avec sa baguette, devant ses musiciens. Peu de temps après, ses bras retombèrent et il s'endormit tranquillement jusqu'au matin.

L'émergence du côté merveilleux des gens

En mai 2000, plusieurs mois après l'introduction de la philosophie *Fish !* en néphrologie, Shari Bommarito réitéra son sondage auprès du personnel au sujet du travail d'équipe. Les résultats témoignaient d'un revirement spectaculaire dans la perception générale.

	Septembre 1999	Mai 2000
	ESPRIT D'ÉQUIPE	ESPRIT D'ÉQUIPE
Insuffisant	25	10
Perceptible	45	15
Remarquable	**30**	**75**
	ATTITUDE POSITIVE	ATTITUDE POSITIVE
Insuffisant	25	15
Perceptible	50	10
Remarquable	**25**	**75**
	COMMUNICATION	COMMUNICATION
Insuffisant	15	20
Perceptible	52	15
Remarquable	**33**	**65**
	SOUTIEN AUX AUTRES	SOUTIEN AUX AUTRES
Insuffisant	25	10
Perceptible	50	15
Remarquable	**25**	**75**
	SATISFACTION	SATISFACTION
Insuffisant	25	15
Perceptible	50	10
Remarquable	**25**	**75**
	PRISE EN CONSIDÉRATION	PRISE EN CONSIDÉRATION
Insuffisant	33	20
Perceptible	52	15
Remarquable	**15**	**65**

– Dans la première évaluation, quand je leur demandais leur définition d'une équipe, ils me citaient les noms de clubs de football ou de rugby, raconte Shari. Aujourd'hui, ils me parlent de *leur* groupe : les barracudas ou les anges de mer.

« Et au lieu de lancer : "Je n'ai pas le temps de t'aider", ils répondent : "Je suis occupé en ce moment, mais je viens dans une minute. Tu peux attendre ?" Voilà ce qui manquait jadis. Ces gens merveilleux existaient depuis toujours. Simplement, ils n'avaient pas le loisir de se montrer merveilleux, parce qu'ils fonctionnaient chacun de leur côté.

« Les infirmières avaient oublié leur vocation. Il nous a suffi de leur dire : "Rappelez-vous pourquoi vous êtes là. Amusez-vous. Prenez quelques instants pour être présentes auprès du malade. Nous travaillerons en équipe et nous accomplirons notre tâche ensemble."

« C'est ce que Leo a fait. Il avait tout autant de travail que quiconque, mais il a consacré un moment à jouer de la clarinette pour un vieillard confus. Et il a pu agir ainsi parce qu'entre-temps, Olya s'est occupée de ses malades. Ils se sont comportés de façon solidaire.

« Moi-même, je ne me contente plus de rester dans mon bureau en écoutant les autres dans les couloirs soupirer : "J'ai besoin d'aide." Je me bouge aussi pour les épauler. Si je prône ces principes, je dois être la première à les appliquer !

Répandre la joie

La nouvelle de ce qui se passait au cinquième se répandit bientôt dans tout l'hôpital.

– On entrait dans l'ascenseur avec nos poissons sur nos badges et les gens nous lançaient : « Vous, vous faites partie du service *Fish !* » raconte Leo.

Le personnel de néphrologie remporta le prix annuel de la qualité, décerné par l'établissement à l'équipe qui avait le plus amélioré les soins aux malades. La récompense comportait notamment un chèque de mille dollars. La moitié de cette somme fut offerte comme cadeau de Noël à la famille d'un patient, et le reste fut consacré à une fête de fin d'année.

– Les patients et leurs familles nous ont souvent dit qu'ils avaient constaté les bienfaits de notre comportement pour les malades, déclare Lois Wright, responsable du personnel infirmier.

D'autres services commencèrent à se renseigner sur la *Fish !* philosophie. Lorsque le service de chirurgie sollicita Shari pour qu'elle leur explique les principes *Fish !*, elle hésita. Les tensions extrêmes, le manque de personnel et les résistances au changement avaient contribué à y créer une atmosphère extrêmement négative. Comme elle le craignait, sa présentation fut accueillie par des remarques désobligeantes, telles que :

– Rembarquez vos poissons et donnez-nous des sous !

Cependant, ces commentaires n'empêchèrent pas certains d'essayer d'insuffler un peu d'énergie positive à ce département. Ainsi, on y installa un tableau d'affichage, où étaient inscrits les noms de ceux qui s'étaient montrés particulièrement serviables. Nancy Hesselbach, chef de service, se procura un poisson parlant qu'elle accrocha au mur.

Or, un jour, il advint que cette mascotte fut volée.

Contrariée, Nancy punaisa une note demanda aux « kidnappeurs » de rendre leur otage ou de laisser de l'argent pour le remplacer. Les ravisseurs laissèrent alors le message suivant sur son répondeur :

– Nous détenons Billy. Faites ce que nous demandons ou vous ne le reverrez plus jamais !

On percevait, en fond sonore, la voix de la peluche.

Nancy placarda un avis de recherche, offrant une récompense pour tout renseignement permettant l'arrestation des malfaiteurs. En guise d'avertissement, elle trouva sur son bureau une boîte de thon accompagnée d'un mot : « Voilà ce qui arrivera à ton cher Billy. »

– Tout le monde se passionnait pour cette histoire, raconte Nancy. On écrivait des poèmes, des chansons, des épitaphes à la gloire de Billy. Nous avons dessiné, avec du scotch d'emballage, les contours d'un poisson sur le sol, comme les policiers le font pour la victime sur les lieux du crime, avec un cordon et une pancarte : *Ne pas franchir cette limite.* Durant des semaines, le suspense était à son comble.

Finalement, les kidnappeurs sommèrent Nancy d'apporter du café et des croissants à la prochaine réunion. Elle s'exécuta et, quelque temps plus tard, découvrit le poisson bâillonné dans la buanderie. Sur la carte posée à côté, elle put lire : « Billy est de retour. Il ne sera plus comme avant. Il va mieux que jamais. Merci pour cette campagne si réussie ! »

Le service de chirurgie désigna des comités chargés d'imaginer des moyens d'améliorer les conditions de travail.

– Bien sûr, il y a toujours des réfractaires. Cependant, certains s'efforcent de faire la différence, constate Shari. Ils progressent peut-être à petits pas, mais ils avancent tout de même.

La méthode *Fish !* se propageait même au sein des départements administratifs.

– Dans notre État, tous les centres hospitaliers ont du mal à recruter des infirmières, explique Sheila Reed, spécialiste en ressources humaines. Dès lors, au lieu d'embaucher, nous devons veiller à fidéliser notre personnel. Certes, la politique salariale peut y contribuer. Mais la raison majeure qui pousse les gens à démissionner est souvent l'ambiance et l'état des relations entre collègues.

En été 2001, le service des admissions fut le dernier à intégrer ces principes.

– La dernière fois que je m'y suis rendue, relate Shari, il y avait des poissons disposés sur les ordinateurs. J'ai immédiatement réagi : « Vous êtes tout à fait dans l'esprit *Fish !* En effet, les visiteurs perplexes vous interrogeront sur la présence de ces objets insolites, ce qui vous permettra de réaffirmer en permanence votre engagement et donc de rester dans le courant. Il suffit seulement de vous encourager et de vous féliciter les uns les autres. »

Nager dans la même direction

En néphrologie, le travail demeurait le même, tout aussi éreintant, frustrant et émotionnellement éprouvant. Pourtant, un changement s'était produit dans l'attitude que le personnel avait décidé d'adopter.

– Une malade atteinte d'insuffisance rénale a séjourné chez nous durant plusieurs semaines, raconte Shari. Ses proches se montraient très gentils mais très exigeants. Parfois, nous avions l'impression que son mari demandait plus de temps que nous ne pouvions en donner. Les infirmières faisaient tout leur possible pour répondre à ses attentes, mais rien ne semblait suffire.

– Nous avons traversé beaucoup d'épreuves avec ces gens et nous avons tous éprouvé de l'agacement à un moment ou un autre, ajoute Sharon Sanders. Mais ils étaient très abattus. Ils voyaient leur chère parente mourir et nous devions les comprendre.

Le jour où la patiente sortit, Shari Bommarito était dans son bureau quand Hilda passa la tête :

– Viens voir !

Dans le couloir, l'époux de la dame, entouré d'un groupe d'infirmières, tenait une aquarelle.

– Je l'ai peinte voici des années, expliquait-il, et – allez savoir pourquoi – je ne l'ai jamais vendue…

La toile représentait toutes sortes de poissons tropicaux multicolores.

– Je l'ai intitulée *Harmonie*, poursuivit-il. Comme ces animaux marins, vous êtes tous distincts – d'origines diverses, de couleurs diverses, etc. – et pourtant, vous nagez ensemble dans la même direction. Vous avez illuminé la vie de ma femme et j'aimerais vous offrir cette peinture.

Un peu en retrait, Shari écoutait, abasourdie.

– Cela fait partie de ces instants qu'on n'oublie pas, confie-t-elle. Hilda et moi sanglotions. Je regardais toutes ces infirmières et je me disais : « Vous entendez ça ? Vous vous rendez compte de ce que vous avez réussi ? Vous pensiez que cela ne suffisait pas, et pourtant, vous avez fait la différence. »

« Un choix simple »

En tant que premier service à avoir introduit *Fish !* à l'hôpital, le personnel de néphrologie reçut des blouses pourpre et bleu, ornées de poissons tropicaux. Aucun autre département n'était autorisé à les porter.

Au cours de tout ce processus, Shari fit une découverte essentielle :

– Au début, je vénérais les poisonniers de Pike Place. Je les trouvais vraiment merveilleux. Et je me suis aperçue que nous n'étions pas si différents d'eux.

« Un jour, j'ai entendu une de nos infirmières recommander à une élève qu'elle formait : “Tu dois *choisir* d'être là et tu dois *choisir* de passer une bonne journée. C'est un choix simple.”

« Quelques minutes plus tard, j'ai à nouveau croisé cette collègue et je lui ai dit : “Toi, tu es une vraie marchande de poissons !”

MENUS FRETINS

L'HISTOIRE DE ROBBIE

Cette histoire nous a été relatée dans un centre de transfusion. Depuis sa naissance, un garçonnet nommé Robbie et aujourd'hui âgé de quatre ans, vient chaque semaine pour renouveler tout son sang. Régulièrement, ses parents passent dans les différents services et remercient le moindre salarié, bénévole ou donneur de permettre ainsi à leur fils de rester en vie. Beaucoup des employés conservent dans leur bureau une photo de cet enfant, pour se remémorer en permanence le sens de leur mission.

Et vous, quel objet pourriez-vous emporter sur votre lieu de travail afin de vous rappeler d'être présent ?

DEUX CENTS COOKIES

Mon ami Harry entra dans un fast-food et passa une commande qui incluait un cookie. La serveuse lui répliqua :

– Désirez-vous un cookie avec votre repas ?

Le lendemain, il demanda le même menu à un autre employé qui lui lança la même question :

– Désirez-vous un cookie avec votre repas ?

Alors, la fois suivante, face à un troisième vendeur, mon camarade se sentait d'humeur espiègle et, après avoir listé ce qu'il voulait, il ajouta :

– Et mettez-moi deux cents cookies.

Imperturbable, son interlocuteur lui répondit :

– C'est enregistré. Désirez-vous un cookie avec votre repas ?

Certes, les salariés avaient été formés pour proférer cette phrase, mais étaient-ils vraiment présents pour les clients ?

À LA RECHERCHE DE ROUGE À LÈVRES

Dans un centre commercial, une femme âgée pénétra chez un opticien et demanda du rouge à lèvres. Il aurait été facile pour l'employée de lui indiquer du doigt la parfumerie. Mais elle prit la peine d'accompagner la cliente au magasin de cosmétiques, au bout de l'allée, puis de l'escorter jusqu'à sa voiture, garée au parking. En guise de remerciement, la dame ne prononça que trois mots, mais ils venaient du fond du cœur : « Dieu vous bénisse. »

ÊTRE LÀ AVEC MAMAN

En décembre 2000, la mère de Steve, âgée de quatre-vingt-quatre ans, emménagea chez son fils et sa bru. Ils l'installèrent dans la grande chambre du rez-de-chaussée, avec une salle de bains attenante.

– C'est merveilleux de pouvoir frapper ainsi à sa porte et passer un moment avec elle, confie Steve. Je n'avais jamais été aussi proche d'elle depuis mon enfance.

L'exemple des poissonniers de Seattle aide cet homme à être présent auprès de sa mère. Au début, il venait la trouver et passait quelques instants debout à bavarder un peu. Pourtant, quelque chose semblait clocher. Il mit un certain temps à identifier ce qui manquait. Aujourd'hui, il pénètre dans la pièce, s'assoit dans le canapé et sa visite en devient plus agréable, même si elle ne dure pas longtemps. En effet, le fait de s'asseoir n'envoie pas seulement un message de disponibilité à la vieille dame, il sert aussi à ancrer Steve dans l'ici et maintenant.

Récemment, Steve a également remarqué un détail dans le comportement de sa mère qui relève du même registre.

– Lorsque je vais la voir, si elle regarde la télévision, elle prend un crayon pour couper le son sur la télécommande (ce qu'elle ne peut pas faire avec le doigt). Ce geste montre à quel point ces instants partagés avec moi lui sont précieux. Pourquoi n'ai-je pas remarqué cela auparavant ?

MERCI DE VOS EFFORTS

À l'issue d'une de ses interventions, John Christensen bavardait avec cinq ou six personnes de l'assistance sur les moyens d'insuffler davantage d'énergie à leur cadre de travail.

– J'essayais de tous les écouter, se souvient-il. Une femme parlait avec passion de tout ce qu'elle faisait. J'entendais ses propos et répondais : « C'est très bien. » Mais je ne la regardais pas dans les yeux

Deux jours plus tard, John se remémora cette rencontre et comme son interlocutrice lui avait donné sa carte, il lui téléphona pour s'excuser de ne pas avoir été pleinement là et pour la féliciter de tous ses efforts. La semaine suivante, il reçut un courrier d'elle : « Vous m'avez appelée à un moment étonnamment opportun, écrivait-elle. Je pensais que je n'apportais plus rien autour de moi. Maintenant, je sais que je me trompais. »

QU'EST-CE QUE L'AMOUR ?

L'autre jour, je voyais Steve Lundin assis à son bureau, en train de rêvasser devant la photo de sa fille Melissa, de son gendre et de leurs deux ravissantes fillettes.

– Je suis tellement fier de la façon dont ils éduquent leurs petites, me dit-il. Je songeais à tout l'amour qui se dégage d'eux. Et quand ce mot m'est venu à l'esprit, je me suis posé la question : « Qu'est-ce que l'amour » La réponse m'est apparue très vite : « Pour un enfant, cela signifie être présent. »

JOUER AVEC LE CHIEN

Paul, doyen d'une université, admettait lui-même qu'il était devenu un accro du travail. Or, un jour, il entendit parler des poissonniers de Seattle et décida d'être présent pour lui-même et ceux qu'il chérissait. Il visualisa sa compagne Joyce, ainsi que son chien courant au bord d'un lac.

L'après-midi même, à la grande stupéfaction de ses collaborateurs et de sa famille, il quitta son bureau à l'heure pour la première fois depuis des mois. Et il emmena Joyce en promenade avec leur labrador. Pendant tout le reste de l'été, il ne resta pas au travail au-delà de 17 heures et partait souvent faire un tour avec sa femme ou jouer à la balle avec son chien.

SERVICE COMPRIS

Nous demandons aux serveurs et aux vendeurs dans les restaurants ou les magasins d'être présents pour nous. Mais le sommes-nous pour eux ? Notre collègue Carr Hagerman parlait sur son téléphone mobile tandis que l'employée enregistrait ses achats. Soudain, il dit à son correspondant :

– Excuse-moi, mais je dois raccrocher. Je suis occupé avec la caissière.

Cette dernière le regarda dans les yeux et lui dit :

– Merci beaucoup. Vous m'avez fait sentir que j'existais.

Chapitre 4 - Choisir son attitude

C'est vous qui choisissez votre attitude présente. Est-ce celle que vous souhaitez ?

Dès notre première visite au marché de Pike Place, nous fûmes frappés par le nombre de conversations qui tournaient autour de la notion de choix. Les poissonniers évoquent toujours leur *choix* d'être au travail, leur choix de passer une bonne journée. Considérer que notre attitude relève de notre responsabilité fournit une base solide pour construire une merveilleuse culture d'entreprise.

L'histoire du serpent

J'ai entendu cette histoire lors d'un séminaire de Stephen Covey en 1985, mais je sais qu'elle date de temps bien plus anciens.

Trois étudiants, deux garçons et une fille, marchaient dans le désert d'Arizona quant un serpent à sonnette, lové dans sous un rocher, mordit la jeune femme. Ses deux camarades se mirent alors à courir après l'animal, qu'ils finirent par attraper. Entre-temps, la victime, laissée seule pour lutter contre le venin, faillit mourir. La métaphore est très simple : l'existence nous agresse tous, un jour ou l'autre, et nous nous retrouvons à chaque fois confrontés à la même alternative : chasser l'agresseur ou traiter le poison.

Dans l'exemple ci-après, une entreprise de couvreurs démontre avec force la puissance du choix. J'apprécie particulièrement leur courage de discuter sur des sujets pénibles. Par leurs actions, ils confirment la véracité de l'affirmation suivante :

La plus grande découverte de ma génération est qu'un être humain peut changer sa vie en changeant son attitude.

William James (1842-1890)

Garder le sourire malgré les tuiles : Tile Technology Roofing Company

Il fait chaud à l'intérieur du camion et le café fume dans les tasses en carton. Pourtant, le grincement des essuie-glaces trahit la froide réalité de ce matin d'hiver. Une pluie à la limite de la neige fondue tombe sur toute la région.

Le métier de couvreur comporte bien des inconvénients. Par exemple, les ouvriers doivent porter des combinaisons imperméables pour se protéger des intempéries. Mais soulever des kilos de tuiles tout au long de la journée fait transpirer. Du coup, ils se retrouvent à la fois moites et glacés, en équilibre à une dizaine de mètres du sol.

Russ Viesel Meyer préférerait de loin être assis devant un bon feu de cheminée, à parler de snowboard avec des amis. Mais son équipe et lui, de la Tile Technology Roofing Company, ont un chantier à finir. Lorsqu'ils auront posé la dernière tuile, ce soir, ils auront doté une famille d'un logis protégé des intempéries pour les décennies à venir.

Russ se décide à descendre du véhicule. Il sait qu'il doit faire un choix aujourd'hui. Il tope dans la main d'un de ses collègues et, tandis que les gouttes gelées fouettent son visage, il lève les yeux au ciel et hurle en riant, à l'intention des nues :

– C'est tout ce que vous avez à offrir ? Bon, eh bien, qu'à cela ne tienne !

Choisir d'exceller

L'existence est constituée de millions de choix. Certains s'opèrent sans vous, mais ceux qui comptent le plus sont ceux que vous effectuez vous-mêmes.

Doug Vieselmeyer, le frère aîné de Russ, avait sept ans quand ses parents divorcèrent. Puis, sa mère, Connie, fut atteinte de lupus, une maladie grave et invalidante. Cette femme, grande et robuste, fut affaiblie par ce mal au point de ne plus avoir la force d'ouvrir les petits pots pour nourrir ses plus jeunes enfants.

– Je courais chez la voisine pour lui demander de dévisser les couvercles, se souvient Doug.

Les symptômes se manifestent et disparaissent sans prévenir. Connie alternait de longues périodes d'alitement avec des moments de rémission.

– Elle retourna à l'université pour finir ses études de pédagogie et enseigna à des classes de primaire pendant quelques années, raconte Doug. Puis sa terrible affection la frappa à nouveau.

« Pourtant, elle trouvait des raisons de rester joyeuse chaque jour de sa vie. Notre foyer débordait d'amour. Si sa condition physique ne lui permettait pas d'accomplir certaines choses, elle se focalisait sur celles qu'elle *pouvait* accomplir. Et si elle ne tenait plus debout, elle confectionnait des cadeaux pour son entourage, car elle n'avait pas les moyens de les acheter.

En raison de la maladie de sa mère, Doug mûrit précocement.

– Je suis passé à côté de mon enfance, du moins, en partie, confie-t-il. Nous dépendions des services sociaux pour subsister et les autres gamins profitaient de ce prétexte pour nous humilier. Comme je grandissais vite (il mesure aujourd'hui plus de

1,90 m), mes pantalons devenaient trop courts et j'en avais assez que mes camarades me voient payer l'épicier avec des bons d'achat. Alors, j'ai décidé de chercher un emploi.

Il affirma donc au gérant d'un magasin de chaussures qu'il avait seize ans, se vieillissant ainsi de trois ans, et fut embauché. Il écoula tant d'articles qu'il devint le principal vendeur de la boutique. Désormais, ses revenus assuraient le loyer et la nourriture de toute sa famille. Sa grande taille le dotant de prédispositions pour le basket-ball, il obtint une bourse de l'université et en sortit avec un diplôme en marketing et administration commerciale. Il trouva alors un poste d'assureur dans une compagnie locale.

Pour arrondir ses fins de mois, il effectuait des travaux de toiture le week-end, avec son ami Glen Paine. Ce dernier avait, comme lui, été élevé par une mère célibataire à la situation précaire et s'était lancé dans la vie active à treize ans. Son ambition et son désir de réussite le poussaient à exécuter ses ouvrages de couverture le plus rapidement et consciencieusement possible.

Doug, quant à lui, ne se passionnait pas vraiment pour ce métier.

– Cette activité ne présentait aucun attrait pour moi, avoue-t-il. C'est dur et dangereux. Mais tout le monde a besoin d'un toit, donc les chantiers ne manquaient pas. Et cela payait bien.

Il démissionna donc de son poste et Glen et lui décidèrent de créer une entreprise de couverture.

– Glen était déjà très expérimenté dans ce domaine, précise-t-il. Mais j'ai choisi ce secteur pour une étrange raison :

je me suis dit qu'un type médiocre comme moi aurait peut-être une chance d'y exceller.

Doug convainquit sa mère de se porter garante de leur société, en offrant sa maison comme caution. Glen, de son côté, fournit quelques outils ainsi que sa camionnette, vieille de vingt ans et peinte en noir. En novembre 1987, la Tile Technology Roofing Company voyait le jour à Tacoma, dans l'État de Washington.

Redéfinir la réussite

Tile Tech fut fondée sur un principe simple : *Nous réalisons tous vos travaux dans les délais fixés.*

– À l'époque, tout le monde dans la sphère de la construction semblait se moquer des échéances, explique Doug. Quand on vous disait : « Nous serons là mercredi », cela signifiait que les ouvriers arriveraient n'importe quel jour précédant le lundi suivant. Cette pratique m'exaspérait. Alors, Glen et moi avons songé : « Si nous respectons nos engagements, nous n'avons aucune raison d'échouer. »

Au cours des cinq premières années, la seule forme de publicité dont jouissait l'entreprise fut le bouche-à-oreille.

– Nous ne disposions d'aucun prospectus, d'aucune carte. Notre nom et nos coordonnées n'étaient pas inscrits sur nos véhicules, raconte Glen. Simplement, nous tenions parole et nous suivions notre route.

Au début de leur aventure, ils parvinrent à un chiffre d'affaires annuel de sept cent cinquante mille dollars, dont cent mille dollars de bénéfices. En 1999, leurs revenus dépassaient les dix millions de dollars par an et leurs effectifs se montaient à une centaine de salariés. Ils s'étaient forgé une solide réputation et construisaient les toitures de maisons, d'hôtels, d'hôpitaux, d'immeubles et de bâtiments administratifs. Deux notables très respectés, Bob Deaton et Don Vose avaient également rejoint le groupe des principaux actionnaires. Condamnés à la croissance, ils investirent des centaines de milliers de dollars dans l'équipement nécessaire à des chantiers de plus en plus conséquents.

À la même époque, le secteur connut une pénurie alarmante de main-d'œuvre qualifiée. Les dirigeants de Tile Tech comprirent que la clé du succès résidait dans la fidélisation du personnel. Une notion inexistante dans les entreprises du bâtiment. Les apprentis couvreurs recevaient une formation minimaliste, devaient eux-mêmes payer leurs outils et n'étaient pratiquement pas supervisés dans leur travail. Au résultat, beaucoup d'entre eux changeaient constamment de poste et d'employeur. Comme, en outre, ils étaient souvent rémunérés à la pièce posée, la rapidité l'emportait sur la qualité, notamment chez les moins expérimentés.

Comme l'écrivait un chroniqueur du *Seattle Times* : « Certains travaux de toiture récemment effectués dans la région sont tout bonnement déplorables. Et ils n'émanent pas de petites sociétés d'amateurs, mais d'entreprises renommées. »

Chez Tile Tech, on décida d'agir différemment. On réorganisa les équipes, qui comprenaient désormais à la fois des permanents et des ouvriers rétribués à l'heure. Les contremaîtres s'assuraient de la qualité de l'ouvrage et instruisaient les vacataires. Seuls les couvreurs chevronnés, qui savaient travailler vite et bien, étaient rémunérés à la pièce. Une nouvelle échelle de salaires fut instaurée, les promotions et augmentations tenant compte de la formation, de la performance et de l'aptitude à manager.

« Plutôt que de nier ce problème, poursuivait le journaliste du *Seattle Times*, Tile Tech s'y est attaqué de front et a pris des mesures pour le résoudre. Bravo ! »

Choisir un héritage

Les responsables s'attachaient également à aider les employés à développer leurs compétences extraprofessionnelles. L'activité de couvreur est rude et attire des gens à l'existence souvent difficile.

– Beaucoup de nos gars ont grandi dans des contextes familiaux douloureux, explique Doug. Ils répugnent à manifester la moindre émotion. Parfois, quand je les salue un peu chaleureusement, j'en arrive à me demander si quelqu'un les a un jour serrés dans ses bras.

À mesure que Tile Tech prospérait, Doug devenait, selon ses propres aveux, « un peu fou » :

– Je m'achetais de beaux joujoux, une maison, une voiture, etc. Mais je sentais bien que le bonheur ne se résumait pas à cela. Je me rappelais mon enfance : c'était avec mes proches, à l'école ou à l'église que j'éprouvais vraiment de la joie.

Il se mit alors lire des ouvrages spécialisés et à participer à des séminaires, et découvrit un monde de sagesse à la portée de quiconque désireux de progresser.

– Cela m'a ouvert les yeux sur beaucoup de choses. Glen et moi avons compris que notre entreprise ne se limitait pas à des toitures et à des profits, mais qu'elle se définissait par ses employés. Dès lors, nous pouvions peut-être contribuer à éveiller leurs esprits, sans essayer de les changer, mais en leur transmettant le message qu'ils avaient le choix dans la vie.

Tile Tech s'investit dans la communauté locale. Entendant parler d'une dame âgée dont le toit délabré était prêt à s'envoler à la moindre bourrasque, les ouvriers réalisèrent les réparations nécessaires et nettoyèrent la cour. En interne, les responsables organisaient des concours visant à encourager le bénévolat chez les salariés, à se fixer des objectifs personnels…

– Et des gestes aussi simples qu'offrir des fleurs à son épouse ou à sa copine, précise Doug.

Chaque toiture posée constitue un héritage en soi.

– Mais le plus important de tous, c'est celui que nous léguons à nos enfants, conclut Doug.

Parler leur langage

Bientôt, les murs des locaux furent jonchés de citations encourageantes et de photos attestant des accomplissements des ouvriers – pratique peu courante dans le secteur. Pourtant, quelque chose manquait.

– D'une certaine façon, la machine ne semblait pas bien huilée, explique Doug. Je dirais que 20 % des employés nous avaient emboîté le pas et que les 80 % restants n'avaient pas encore pris le départ.

C'est alors que les dirigeants assistèrent à une conférence sur le Pike Place Fish Market. Ils s'étaient tous déjà rendus dans ce marché – ils habitaient assez près de Seattle – et avaient été impressionnés par sa magie, mais sans parvenir à comprendre les raisons de cette ambiance. L'intervenant leur expliqua que, chaque jour, à chaque instant, ces commerçants assumaient personnellement le choix de leurs actes et attitudes au travail.

Les responsables de Tile Tech identifièrent immédiatement les points communs entre ces poissonniers et leurs équipes de couvreurs : il s'agissait d'hommes jeunes qui effectuaient une besogne pour le moins rébarbative. Pourtant, à travers leur comportement, les premiers avaient réussi à créer un environnement formidable.

– Cela nous correspondait tout à fait, commente Bob Deaton. Nous travaillons sous la pluie, le vent, la neige. Nous avons trop chaud ou trop froid. Alors ? Allons-nous passer chaque jour à nous morfondre ?

Bob relata à ses ouvriers l'histoire des marchands de Pike Place et ils sortirent de son bureau sur un nuage.

– Ils étaient pressés de se remettre à l'ouvrage, raconte-t-il. Soudain, nous avions trouvé comment formuler notre vision.

En visionnant la vidéo, Russ Vieselmeyer pensa :

– Ces gars-là parlent ma langue !

Brian Marchel, simple manœuvre, attendait ce genre d'incitation depuis toujours :

– J'ai toujours rêvé de devenir un mec bien, confie-t-il. Dans mon enfance, je vivais avec un beau-père très négatif. Un jour, je lui ai tenu tête et je lui ai lancé : « J'en ai assez de t'entendre me critiquer sur ce que je ne fais pas, sans jamais prononcer un mot gentil sur ce que je fais. »

Brian afficha, sur la porte de sa maison, la phrase : *Choisis ton attitude.*

– Dès que je sors de chez moi, j'applique ce précepte : je choisis mon attitude. Parfois, je suis encore ensommeillé et je ne me réveille vraiment qu'à mi-chemin, mais à ce moment-là, cela me donne un coup de fouet !

Éveiller les consciences

Très vite, cependant, les employés de Tile Tech se sont aperçus que cette philosophie apparemment évidente était difficile à mettre en pratique. Lors d'une des premières réunions au sujet des changements à envisager, une comptable s'exclama :

– C'est impossible de choisir une de vos fichues bonnes attitudes tous les jours !

Bob Deaton, qui menait les débats, la remercia de son honnêteté :

– Il y a du vrai dans ce que vous dites, commenta-t-il. Cependant, vous pouvez choisir une attitude, *quelle qu'elle soit.*

Puis il leur fit part de ses propres astuces :

– J'ai lu que, pour instaurer une nouvelle habitude dans sa vie, il faut réitérer la même action vingt-et-un jours d'affilée. En effet, il est facile de s'engager verbalement. Mais au bout de deux ou trois jours, on retombe dans ses anciens travers. Quant à moi, pour me rappeler ma décision, j'ai posé une petite pancarte *Choisis ton attitude* près de mon réveil.

Il demanda aux participants de fermer les yeux.

– Imaginez que vous soyez promus et que vous deviez embaucher quelqu'un pour vous remplacer. Comment visualisez-vous l'employé idéal pour ce poste ? À quelle heure arriverait-il ? Comment serait-il préparé à travailler ? Comment parlerait-il des autres ? Comment accomplirait-il sa tâche ?

« À présent, ouvrez les yeux et soyez cette personne, parce qu'ainsi, vous deviendrez formidables !

Tous les salariés commencèrent alors à modifier leur approche du quotidien grâce à la puissance de leur libre-arbitre.

– Quand je monte dans ma voiture le matin, je passe en revue la journée qui s'annonce, déclare Lisa Franklin responsable de la gestion. Je me demande : « Pourquoi suis-je ici ? À quoi est-ce que je sers ? Qu'est-ce qui est important pour moi ? » Car, parfois, vous buvez votre première tasse de café en bavardant avec un collègue et si vous n'êtes pas prêt, si vous n'avez pas l'esprit clair, vous pouvez vous retrouver pris au dépourvu et réagir d'une manière peu souhaitable ou mal perçue.

La mentalité positive se propagea rapidement au sein de l'entreprise.

– J'ai été chargé de distribuer les tâches aux ouvriers, raconte Bob. Autrefois, j'aurais redouté cette mission. Je ne me voyais pas affronter une soixantaine de gaillards aux visages rougeauds et au langage plus que grossier. Mais aujourd'hui, tout le monde se salue d'une tape dans le dos et se souhaite le bonjour. C'est un vrai plaisir d'arriver au travail. On a l'impression de se retrouver entre copains.

Le partage de soi-même

Les employés de Tile Tech apprirent aussi qu'outre choisir une bonne attitude, il fallait la partager avec les autres.

– Jadis, je venais aux aurores, avec une tête de trois pieds de long, raconte Bob, et je m'enfermais dans mon bureau sans prêter attention à quiconque. De temps à autre, je lançais un « Salut ! » à ceux que je croisais. Je restais assis à ma table, absorbé dans les commandes. Si quelqu'un entrait pour me poser une question, je répondais : « Pas maintenant ! Je suis occupé ! » En fait, j'envoyais les gens promener sans m'en rendre compte. Je ne remarquais même pas à qui j'avais parlé.

Lorsque Bob découvrit combien les marchands de Pike Place s'efforçaient d'être présents auprès de leurs clients, cela provoqua une étincelle dans son esprit.

– J'ai mesuré à quel point j'avais tort. Je devais des excuses à bien des personnes. Et je me suis aperçu que cela ne coûtait pas beaucoup plus cher de dire bonjour. En revanche, quel énorme impact quand on s'adresse à un nouveau salarié en lui serrant la main et en lui disant : « Bienvenue chez nous ! Comment ça va ? »

– Bob a vraiment changé, confirme Heidi McCaig, responsable des ressources humaines. Avant, il était revêche. Maintenant, il se montre plus disponible pour les autres et c'est un meilleur manager.

– Ce matin, je discutais avec un de nos employés de son comportement : il était tellement plongé dans son travail qu'il passait à côté de ses collègues sans les voir et semblait toujours pressé, raconte Bob. Je lui ai dit : « Toi, tu souffres du syndrome Bob Deaton. Tu te conduis comme moi autrefois ! »

« Il a réfléchi un moment et m'a répondu : "Là, tu marques un point, parce que je me rappelle trop bien comment tu agissais ! J'avais peur de t'approcher. Désormais, j'accorderai plus de temps aux autres."

L'accueil à la Ray Shrewsberry

Chez Tile Tech, dont les locaux sont installés dans une résidence équipée d'une piscine, la journée commence par un café et un accueil à la Ray Shrewsberry. Ce dernier, responsable du contrôle de qualité, explique :

– J'ai un tempérament enjoué, tandis que les couvreurs sont généralement plutôt bourrus et renfrognés. Alors, quand je croisais quelqu'un qui me paraissait d'humeur morose, je lui décochais un salut tonitruant, en utilisant son nom au complet, comme : « Bonjour, Bob Deaton ! »

– Chaque jour, ce gaillard me lançait : « Bonjour, Bob Deaton ! » renchérit Bob. Et invariablement, cela me faisait sourire. Alors, nous avons pensé que nous pourrions tous nous y mettre. Nous nous sommes alors rendu compte que nous ne connaissions pas le nom de famille de beaucoup de nos collaborateurs et cela nous a permis de mieux nous en souvenir.

Les employés de Tile Tech accomplissent leur ouvrage avec le même professionnalisme qu'avant. Cependant, ils le font dans un esprit plus léger.

– L'autre jour, mes deux téléphones se sont mis à sonner en même temps, raconte Tim O'Brian, coordinateur des chantiers. L'une de mes assistantes est alors entrée dans mon bureau, a posé un poisson sur ma table et est ressortie sans un mot. Son geste a illuminé ma journée. C'était juste une petite attention pour m'aider à traverser plus facilement ce moment de surmenage.

Au sein des équipes d'ouvriers règne une ambiance également plus gaie.

– Nous ne nous bagarrons plus à coups de pistolet à agrafes, précise Brian. Nous nous contentons de plaisanter verbalement, en nous lançant des piques.

Parfois, Doug débarque sur un site et sort de sa camionnette deux ou trois scooters.

– Nous n'en avons pas besoin pour le travail, explique-t-il. Mais quand on voit le sourire des gars qui organisent une course pendant la pause, cela vaut vraiment la peine !

Apprendre de nouvelles astuces

Dwight Lambert vient d'aborder la cinquantaine. Avec ses cheveux clairsemés et son visage marqué par la rudesse de l'existence, on ne le soupçonnerait pas d'être un fan de Britney Spears. Pourtant, il se trémousse sur un tube de la chanteuse avec une petite fille. Puis il remonte sur le toit pour poursuivre sa besogne : protéger des intempéries la maison qui abritera la petite et sa famille.

Au sein de Tile Tech, on le surnommait « le vieux grincheux ». D'ailleurs, il l'admet lui-même, mais ajoute :

– J'avais sans doute des raisons.

Ses parents avaient divorcé au début de son adolescence et sa mère s'était remariée. Il quitta l'école en fin de troisième et chercha un emploi. Il fut d'abord embauché comme barbier, puis comme métallurgiste. Cependant, quelle que soit sa tâche, il s'efforçait de l'accomplir du mieux possible.

– Papa me disait : « Si ton métier se borne à ramasser du crottin de cheval, tu dois devenir le meilleur ramasseur de crottin. » J'ai suivi ce précepte toute ma vie.

Il se lança dans la profession de couvreur à trente ans, un âge où la plupart des ouvriers cherchent à se reconvertir dans une activité moins éprouvante. Mais là encore, il parvint à exceller. Le mauvais temps ne le dérangeait pas :

– C'est ce qui distingue un homme d'un adolescent, déclare-t-il.

Il n'imaginait pas qu'il puisse aimer son travail, ni ses collègues.

– Durant dix-sept années, j'ai vécu en loup solitaire. Je faisais mon boulot. Si on me confiait une mission, je la remplissais au mieux et je touchais ma paye.

Parfois, quand il considérait que ses coéquipiers n'étaient pas à la hauteur de ses critères de qualité et de célérité, il leur aboyait dessus.

– Comme je m'étais assumé très jeune, j'étais trop sérieux, confie-t-il. je m'énervais vraiment pour des détails dérisoires.

Un jour, en réparant un toit avec ses deux fils, l'un d'eux s'y prend d'une manière qui l'exaspère. Alors, il se dirige vers lui à grands pas. N'ayant pas d'équipement de sécurité, il glisse sur une tuile instable et perd l'équilibre. Dans sa chute, il heurte une grosse poutre et se casse le pied. Il est immobilisé pendant neuf mois.

– Je n'aurais pas dû sortir de mes gonds pour une broutille pareille. Si j'avais su contenir ma colère, j'aurais réagi autrement. Mais à l'époque, j'étais du genre à penser : « Si vous n'êtes pas content, c'est le même prix ! »

Dwight fut engagé pour la première fois chez Tile Tech voici quelques années, mais il n'y resta qu'une semaine.

– C'était un ouvrier extrêmement fiable et compétent, se rappelle Doug. Cependant, il nous irrita très vite avec sa façon de sous-entendre : « Je fais comme ça depuis toujours et vous devriez suivre mon exemple. »

Lorsqu'il signa son second contrat avec la société, on lui expliqua l'approche des poissonniers de Seattle.

– Au premier abord, j'ai trouvé cela stupide, commente-t-il. Mais j'ai commencé à réfléchir et je me suis rendu compte que cela s'appliquait à la vie réelle. J'ai découvert que l'existence pouvait devenir plus facile.

« Je n'ai jamais évolué dans un cadre où les gens se soucient de vous, sauf pour vous dire : "Tu as fini ce boulot ? Alors maintenant, voilà le suivant." Il paraît qu'on n'apprend pas à un vieux singe à faire des grimaces. Eh bien, je suis peut-être la preuve du contraire. Je n'ai jamais refusé de changer. Simplement, personne ne m'a jamais montré comment m'y prendre. Et je crois que j'ai toujours recherché cela.

Ne vous détrompez pas, Dwight demeure toujours aussi sérieux quant à son travail et il n'hésite pas à vous expliquer les méthodes de jadis, celles de la « vieille école ». Mais, de plus en plus, il se met à la disposition des jeunes quand ils en ont besoin, et partage avec eux l'expérience qu'il a accumulée au fil des ans. Il essaie de s'amuser davantage pendant le déjeuner, se munit toujours d'un équipement de sécurité et danse sur Britney Spears.

– Parfois, on doit beugler pour attirer l'attention des autres. Mais si l'on recourt à d'autres méthodes, ce n'est plus nécessaire, déclare-t-il. On peut rester léger, accomplir tout autant et ne pas se retrouver les nerfs en pelote en fin de journée.

« La vie n'est pas si compliquée. Il y a vingt ans, quand on me faisait une queue-de-poisson sur l'autoroute, je traitais le conducteur de tous les noms. Aujourd'hui, je rigole dans ma barbe. Ce n'est pas une voiture de plus devant moi qui va me gâcher la journée.

À présent, il se consacre à des choses plus essentielles, comme ses petits-enfants.

– J'en ai huit, précise-t-il. Et l'ex-amie de mon fils aîné a deux garçons. Andrew, le plus âgé, m'a demandé : « Je peux t'appeler Papi Dwight ? » J'en ai eu les larmes aux yeux. Ce gamin n'a pas de grand-père. Alors je lui ai répondu : « Bien sûr, cela me fera très plaisir. »

Au printemps dernier, son épouse Kathy fut hospitalisée en urgence pour une rupture d'anévrisme.

– Ce jour-là, j'ai perdu l'être que j'aimais le plus au monde, confie-t-il. Alors me torturer la tête pour des bêtises au travail, ça me paraît absurde.

La sécurité pour tous

Selon le ministère du Travail et de l'Industrie, le secteur de la toiture constitue une des activités les plus dangereuses.

Comme l'explique Doug :

– À l'époque où nous avons demandé notre licence, en 1987, l'État ne mentionnait aucun détail concernant la sécurité. Moi-même, je ne savais pas ce que cela signifiait et je n'en mesurais pas la nécessité. Nous avons appris cette leçon à nos dépens. Une réglementation officielle a été instaurée et nous avons été sanctionnés pour violation des consignes.

Aujourd'hui, chez Tile Tech, un comité de sécurité, élu par les employés, dirige un programme de formation, en collaboration avec les autorités. Par exemple, sur les toits abrupts, les couvreurs doivent porter un harnais intégral. Afin d'accroître la prudence des salariés, une technique des poissonniers de Seattle a été adoptée.

– Quand un marchand annonce une commande, les autres la répètent à l'unisson, raconte Russ. De même, avant de monter sur un toit, nous effectuons le tour du site. Et tandis que nous signalons les dangers possibles, les ouvriers scandent chaque avertissement en cadence. De cette façon, nous sommes sûrs qu'ils ont bien entendu.

Cette pratique donne également lieu à toutes sortes de plaisanteries. Une alerte pour une petite fissure se traduit par : « Faille sismique ! Faille sismique ! Faille sismique ! » Quand quelqu'un se prépare à jeter une tuile brisée, il crie : « Migraine ! » et l'équipe reprend en chœur : « Migraine ! Migraine ! »

La politique de Tile Tech implique de rappeler aux employés que la sécurité ne signifie pas se protéger *contre*, mais pour quelque chose.

– Nous avons organisé des soirées à l'intention des familles, où nous invitons les épouses et mères à découvrir notre approche, raconte Doug. Je leur explique que je ne veux pas avoir un jour à frapper à leur porte pour leur annoncer que leur mari ou leur fils ne rentrera plus jamais. L'amour nous a permis de mieux transmettre ce message. À présent, nos salariés l'ont saisi et l'ont adopté.

En 1999, Tile Tech recensait quarante-deux accidents du travail. En 2000, leur nombre s'était réduit à vingt-sept. De janvier à juillet 2001, on n'en comptait plus que cinq, ce qui laissait présager un total inférieur à dix pour l'année entière.

« Vous êtes différents des autres. »

– Par le passé, les gens regardaient par leur fenêtre, se demandant ce que les couvreurs fabriquaient, dit Bob. « Laissez-nous tranquilles. Nous savons ce que nous faisons et vous verrez le résultat quand nous aurons fini. » Telle était notre mentalité.

Aujourd'hui, Tile Tech a opté pour l'approche inverse. Si le client semble s'intéresser au chantier, le contremaître l'incite à poser des questions.

– Au lieu de considérer notre ouvrage comme un toit quelconque, nous essayons de nous rappeler qu'il représente le rêve et l'investissement d'un propriétaire. Dès lors, nous le faisons participer. Nous l'invitons même, s'il le désire, à planter un clou dans la charpente. D'ailleurs, lorsque les maçons versent la chape de ciment d'une maison, ils devraient toujours encourager les enfants à y graver leurs initiales. Ce sont des gestes dont les gens se souviennent. Par la suite, ils raconteront à leurs amis : « Tu sais, j'ai contribué à construire ce toit. » Et du coup, ils ne nous oublieront pas.

Lorsqu'on se concentre sur autrui, et pas seulement sur soi-même, des détails minimes prennent toute leur valeur.

Un client a notamment écrit une lettre à la direction, offrant un témoignage édifiant : certes, il était ravi de son nouveau toit, mais ce qui l'avait vraiment marqué, c'était de voir l'un des ouvriers ramasser tous les fragments de tuiles dans le jardin.

– Autrefois, les gars pensaient que leur manière d'agir ou de parler importait peu, du moment qu'ils accomplissaient leur tâche, commente Bob. À présent, ils mesurent l'impact de leur attitude sur les clients.

– C'est une question de savoir-vivre, ajoute Russ. Certaines entreprises ont pour usage de ne nettoyer le site qu'à la fin du chantier. Chez nous, on le fait chaque soir.

Un jour, après avoir passé douze heures sur un toit, un ouvrier proposa d'échanger quelques passes avec le fils du propriétaire.

– Ils ont joué au ballon un moment, se remémore Brian. Le père en fut abasourdi et cela a illuminé sa journée.

Ce genre d'attention ne s'arrête pas quand les travaux sont terminés.

– Dès que nous avions quitté les lieux, raconte Doug, je téléphonais au client et je lui annonçais : « Je suis le directeur de Tile Tech et j'aimerais connaître votre avis sur notre prestation – ce qui va et ce qui ne va pas. » Mes interlocuteurs étaient sidérés. Ils me répondaient : « Vous plaisantez ! Personne ne fait plus cela de nos jours. ! »

Jadis, les clients de Tile Tech, comme ceux de beaucoup d'entreprises similaires, payaient avec réticence.

– Aujourd'hui, ce n'est plus un problème, constate Glen. En fait, ils règlent leur facture avec bonne humeur.

– Je ne saurais expliquer pourquoi, confiait une cliente à Dwight Lambert tandis que son équipe s'apprêtait à remballer son matériel, mais vous êtes différents des autres.

Partager sa vision des choses

Lors de l'assemblée générale de mai 2000, deux mots furent ajoutés au nom officiel de la société, qui devint : la *Mondialement Célèbre* Tile Technology Roofing Company.

Cependant, pour atteindre cette réputation universelle, précisa Doug, il faudrait s'entraider. Les employés sont censés se former les uns les autres et partager leurs compétences.

– Cette mission peut se révéler très lourde. Vous ne pouvez plus ignorer un problème. Si vous remarquez un détail inopportun, par exemple des tuiles brisées sur un toit ou un pneu sous-gonflé, vous ne devez plus le laisser passer.

« Et vous ne parviendrez à cela que si vous vous appropriez l'entreprise. C'est votre philosophie, pas seulement la mienne ou celle de Glen, Bob et Don. Elle concerne tout le monde. C'est comme en amour : une relation ne peut pas fonctionner si l'un des deux individus reste en permanence le chef. Donc, dès lors que nous adhérons à cette approche, nous acceptons deux responsabilités : celle de guider et celle d'être guidés.

Naturellement, la perspective que des subordonnés puissent instruire les cadres ne semblait pas évidente.

– Je crois que notre plus grand combat a été de convaincre les salariés que nous respecterions leurs conseils, explique Doug.

Ce n'est pas une pratique courante dans le monde de la construction. Ils sont persuadés que la direction ne les écoutera pas.

Bob qualifie ce système de « management de pigeon » et le définit ainsi :

– Vous évacuez vos déjections sur les gens, vous vous envolez à tire d'aile, vous attendez qu'ils commettent une erreur, vous revenez et vous recommencez à déverser votre fiente.

« Quand j'ai commencé ma carrière, voici vingt-et-un ans, on restait bouche cousue pendant que le patron nous hurlait dessus et on faisait son boulot. C'est ce qu'on m'a enseigné. Alors, je pensais qu'être un bon manager se résumait à arriver plus tôt au bureau et à travailler plus que les autres.

Bob a appris que, peu importe qui parle, l'essentiel réside dans ce qui est dit.

– Je discutais à voix haute à l'accueil et l'une des réceptionnistes m'a demandé de m'éloigner, car ses collègues au téléphone n'entendaient plus leurs correspondants. J'étais sur le point de lui répliquer : « Qui êtes-vous pour me donner des ordres ? » Et puis je me suis demandé si sa requête était justifiée. J'ai dû admettre qu'elle l'était.

– Hier, j'ai écouté les suggestions de notre responsable des services généraux et elles m'ont beaucoup aidé, avoue Don Vose. C'est formidable de constater qu'un salarié se sent suffisamment en confiance pour s'adresser à la direction en lui disant : « Il me semble que vous faites fausse route. » Et c'est encore mieux quand la direction lui répond : « Vous avez raison. »

Glen releva ce défi en admettant avec honnêteté ses réserves.

– Doug se sent bien au-devant de la scène. Je restais plutôt dans les coulisses, mais c'est moi qui contrôlais tout.

Alors, quand l'accent a été mis sur l'acceptation des recommandations des autres, il leur a dit :

– C'est nouveau pour moi. Ne vous attendez pas à ce que je sois parfait la première fois, ni la deuxième, ni la troisième. J'aimerais savoir écouter, être un bon coéquipier et devenir plus malléable, mais je n'y suis pas encore prêt. Alors, montrez-vous indulgents. Quant à moi, je vais serrer les dents et prier pour ne pas faire de gaffe.

Comme il nous le confie aujourd'hui :

– Je n'ai jamais manifesté de grande disponibilité face aux gens. Je ne les regardais jamais dans les yeux. Mais je progresse, en particulier grâce à mon épouse et à ma fille de deux ans. Je crois que mes gars remarquent aussi la différence. J'avais tendance à ne pas me laisser approcher. Aujourd'hui, ils me voient changer et cela transforme leur propre conduite.

Échanges autour du Bassin

– Lorsqu'on travaille en étroite collaboration avec des gens, le ressentiment peut très facilement s'installer, explique Bob. Et des incidents se transforment en griefs qui s'enveniment au point de faire oublier le détail qui avait déclenché ce désaccord.

C'est pourquoi les ouvriers ont imaginé un lieu baptisé le Bassin. Il s'agit d'une salle à l'arrière des locaux, équipée d'une petite piscine gonflable, avec du sable et un parasol, quelques posters représentant les tropiques et deux transats.

– On s'y rend quand on doit parler à cœur ouvert avec quelqu'un, explique Bob. Par exemple, si on vous a marché sur les pieds, si on ne vous a pas écouté, si on s'est comporté d'une manière que vous jugez incompatible avec la notion de « mondialement célèbre ». Vous pouvez y inviter qui vous voulez, indépendamment de son niveau hiérarchique. Là, vous êtes sur un pied d'égalité et vous pouvez vous exprimer en toute franchise : « Voilà ce que tu as dit ou fait et voilà ce que j'ai ressenti. »

Il n'existe pas de règles autour du Bassin, hormis le respect. On peut y passer quinze minutes ou deux heures.

– Il faut simplement être prêt à s'exprimer en toute honnêteté : ne pas porter de jugement, ne pas tourner autour du pot, ne pas manipuler, précise Doug. On doit mettre son ego et son orgueil de côté. Sinon, on mine tous les bienfaits du Bassin.

– Parfois, des couples, des amis, des parents ont des différends et finissent par renoncer à leur relation, par ne plus se parler, ajoute Lisa. Autour du Bassin, les échanges doivent aboutir. Dans certains cas, cela se résume à reconnaître et accepter l'existence d'un antagonisme, mais du moins l'entretien ne se termine pas par une impasse.

– Quand un problème survient, il faut y mettre un terme, sinon, on ne peut plus prétendre être « mondialement célèbre », déclare Bob. Pour un manager, c'est également important de ne pas réagir de façon négative face à un employé. Cela le découragerait totalement de recommencer.

Tout le monde ne se sent pas à l'aise avec cette pratique, mais beaucoup y ont déjà recouru. Chacun des dirigeants de Tile Tech s'est rendu autour du Bassin, sur sa propre initiative ou celle d'un salarié. Des relations conflictuelles y ont été assainies et de nouveaux liens s'y sont forgés. Des discussions ont permis à des gens de changer et d'obtenir des promotions. L'une d'entre elles a aussi conduit un employé à démissionner, parce qu'il n'appréciait pas la direction. Certains affirment que les leçons apprises dans ce lieu les ont aidés à mieux communiquer au sein de leur foyer.

– C'est comme entrer en scène, déclare Lisa, ancienne chanteuse professionnelle. Vous déversez votre cœur et votre âme au travers de votre voix, à ceux qui vous écoutent. Peut-être serez-vous applaudi ou hué. Vous ignorez l'accueil que vous recevrez, mais vous devez le faire. Et à la fin, vous éprouvez un bien-être formidable. Même si la réaction en face n'est pas agréable.

– Aujourd'hui, nous disposons de téléphones cellulaires et de messageries électroniques, mais nous ne communiquons pas vraiment avec notre entourage, ajoute Doug. Autour du Bassin, nous passons des moments sincères, quasiment intimes. Et de véritables liens sont en train de se créer au sein de notre équipe.

Le secret de Tile Tech

L'un des employés affrontait des problèmes personnels. Alors Doug, qui entretenait avec lui des relations assez proches, l'invita à l'accompagner à l'église.

– À la moitié du sermon, il se penche vers moi et me murmure : « Tu as parlé au prêtre de notre conversation de ce matin ? Parce que j'ai l'impression qu'il s'adresse vraiment à moi. » J'ai souri. Nous pensons être les seuls à traverser de telles épreuves, alors qu'en réalité, nous partageons tous les mêmes soucis.

Et les mêmes rêves.

– Les couvreurs ont des sentiments, des doutes et des émotions. Ils veulent faire partie d'une grande entreprise où leur avis est pris en considération, explique Glen. À partir du moment où leur opinion a compté, notre environnement s'est amélioré de façon sensible.

C'est la raison pour laquelle un budget de deux cent cinquante mille dollars par an est consacré à la formation du personnel.

– Et croyez-moi, les employés nous le rendent au centuple, affirme Doug. Ce n'est pas une pratique courante dans notre secteur et certains ne l'apprécient pas. Il faut s'y résoudre. Notre action se doit d'être inconditionnelle. Nous misons sur les gens, mais notre industrie peut se révéler précaire, et nous investissons beaucoup de temps et d'argent sur des personnes qui nous quittent..

« Assumer la responsabilité de son attitude, travailler avec les autres et essayer de les faire progresser représente une lourde tâche. Si quelqu'un intègre notre entreprise, nous attendons de lui qu'il incite ses collègues à évoluer après avoir lui-même mûri. Nous avons la possibilité de nous soutenir mutuellement, à travers les hauts et les bas. Et c'est de cette manière que nous réussirons ensemble à atteindre notre objectif.

« Lors de notre dernière fête de fin d'année, Glenn Robb, le directeur des ventes, m'a dit : "J'ai découvert votre secret." Je l'ai regardé avec étonnement et il a poursuivi : "Vous avez compris comment utiliser l'amour dans les affaires."

« Je lui ai répondu par un clin d'œil. Je n'avais rien à ajouter. Je le savais déjà depuis des années.

MENUS FRETINS

« MAMAN, IL PLEUT ! »

L'une de nos anecdotes favorites est celle d'une fillette anglaise de six ans, à qui sa mère avait expliqué *Fish !* Peu de temps après, par une journée maussade et humide, la petite se prépara pour aller à l'école et, sur le pas de la porte, lança :

– Maman, il pleut dehors, mais je vais passer une super journée à la *Fish !*

Assurément, l'idée de choisir son attitude est à la portée de tous, y compris des plus jeunes.

PARABOLE : « QUE POSSÉDEZ-VOUS ? »

Trois voisins bavardaient entre eux.

– Moi, j'ai une grande demeure, annonça l'un.

– Moi, j'ai une exploitation prospère, renchérit le deuxième.

– Moi, j'ai de l'optimisme, dit calmement le troisième.

Ses interlocuteurs le raillèrent : à quoi bon posséder une chose qu'on ne peut ni voir, ni toucher ?

Cette nuit-là, un terrible orage éclata. La belle résidence du premier fut détruite.

– Que vais-je faire ? se lamentait le propriétaire.

Les champs du second furent dévastés.

– Que vais-je faire ? pleurait le fermier.

Le troisième vit aussi ses cultures et sa maison anéanties.

– Bon, par où vais-je commencer ? se demanda-t-il.

Puis il se mit au travail. Il rebâtit son logis et replanta des graines.

Quant à ses comparses, ils étaient restés assis à s'apitoyer sur leur sort. Le voyant ainsi à l'ouvrage, ils décidèrent de l'interroger sur son secret.

– Il n'y a pas de secret, leur répliqua-t-il. Le seul bien que je possède, c'est ma façon de penser.

Les deux autres saisirent soudain et, avec son aide, entreprirent de reconstruire.

À compter de ce jour, ils ne parlèrent plus jamais de leurs possessions. Ils évoquaient plutôt les bénédictions qu'ils avaient reçues, dans un esprit de partage. Pourquoi s'attacher à des choses qu'on ne possède pas vraiment ?

LES BRAS GRANDS OUVERTS

Un garçonnet, atteint d'une maladie digestive rare, passait beaucoup de temps à l'hôpital, transpercé de toutes parts par des perfusions et des piqûres. Chaque fois qu'un médecin ou une infirmière s'approchait de lui, il savait qu'on allait encore lui enfoncer une aiguille dans les veines. Mais au lieu de pleurer, il leur souriait et tendait gentiment son bras.

La vie peut se révéler douloureuse quand on l'accueille à bras ouverts. Pourtant, il n'existe pas d'autre façon de l'embrasser pleinement.

« JE FAIS CE CHOIX CHAQUE MATIN »

Avec sa voix râpeuse, sa stature imposante et sa barbe foisonnante, Bear est sans doute le plus reconnaissable de tous les poissonniers. Il mesure pleinement la puissance du choix.

« Il faut décider d'être là dès qu'on sort de son lit, déclare-t-il. Moi, je fais consciemment ce choix chaque matin. »

SAUVER LA RELATION

Au cours d'un séminaire, une femme nous raconta que son mariage battait de l'aile et que l'amertume s'était installée au sein de son couple jadis très harmonieux. N'ayant plus rien à perdre, elle entreprit d'appliquer la *Fish !* philosophie dans son ménage. Tantôt elle initiait des moments de légèreté, tantôt elle essayait d'illuminer la journée de son époux. Puis, elle s'efforça de l'écouter réellement. C'est ce qui provoqua le plus grand changement. Jamais ils n'avaient été vraiment là l'un pour l'autre. Alors, son compagnon commença à lui rendre la pareille.

Quelques mois plus tard, nous apprîmes avec stupéfaction que les deux conjoints n'avaient pas renoncé à leur séparation. Nous espérions sans doute une fin heureuse, comme dans les contes de fées. Mais la vie ne se déroule pas toujours selon nos désirs. Cette femme avait choisi de faire la différence et toute sa colère s'était évanouie. À présent, ces deux individus ne se comportaient plus comme des adversaires prêts à livrer bataille, mais comme des adultes attentionnés qui avaient décidé de suivre des routes divergentes. Les enseignements du marché aux poissons n'avaient pas empêché leur divorce, mais ils avaient sauvé leur respect mutuel.

MÊME EN SEMAINE

Les dirigeants d'un important groupe scolaire avaient adopté les principes *Fish !* pour insuffler davantage de passion à leur travail. Or, peu après cette décision, il se trouva qu'un de ces cadres, sceptique quant à la démarche, était de passage à

Seattle. Il se rendit donc à Pike Place. Là, il découvrit un dynamisme et un enthousiasme qu'il n'aurait pas cru possibles.

– Je pensais que c'était valable le week-end, avoua-t-il. Mais jamais je n'aurais imaginé voir cela un mardi après-midi !

Chaque jour requiert un nouveau choix. Quelle personne serez-vous aujourd'hui ?

UN SINGE SUR LE DOS

Vous avez eu une panne de réveil ce matin ? Vous avez dû batailler avec vos enfants pour qu'ils partent à l'école à l'heure ? Vous avez été coincé dans les encombrements ? Dans un petit hôpital du Maine, si vous arrivez de mauvaise humeur, vous êtes invité à revêtir un sac à dos en forme de singe en peluche. Cela vous rappelle le fardeau qui pèse sur vos épaules et dont vous ne pourrez vous débarrasser que si vous en avez d'abord pris conscience.

UNE HISTOIRE DE CAILLOUX, DE SKIS ET D'ESPOIR

En 1978, un jeune professeur se sentait au fond du gouffre. Il venait de divorcer, ne possédait plus un sou et avait dû se résoudre à voir ses deux fils déménager dans un autre État avec son ex-épouse.

Un dimanche, son père lui apporta des skis, des bâtons, et un forfait pour le remonte-pente. L'enseignant passa la matinée à tomber. Alors certains des étudiants, qui skiaient avec lui, l'entourèrent et l'encouragèrent :

– Allez ! Debout !

Cela provoqua en lui comme une étincelle qui ressemblait à de l'espoir. Il se releva et dévala la piste sans chuter, pour la première fois de la journée. Il ne déchaussa qu'au coucher du soleil. Ce fut l'un des moments les plus euphoriques de son existence. Lors de sa dernière descente, sachant que le lendemain, il reprendrait les cours, il déclara tout haut :

– Désormais, je travaillerai comme je skie !

Il inscrivit cette phrase sur une feuille qu'il placarda bien en évidence dans son bureau.

Le destin fit bien les choses : ses fils revinrent s'installer avec lui et ensemble, ils partagèrent une joyeuse existence de « skieurs ». Le professeur insista pour rembourser son père de son précieux cadeau, mais ce dernier refusa en ajoutant :

– Contente-toi de passer le relais.

Chapitre 5 - Fish ! en application

Programme de douze semaines : Quelques choix suffisent pour mener une vie plus gratifiante.

Cette section, destinée à ceux qui désirent intégrer la *Fish !* philosophie dans leur existence, propose des activités étalées sur douze semaines. Certaines d'entre elles ont été testées sur le terrain, auprès d'étudiants et de participants à des séminaires. Mais la plupart sont présentées ici pour la première fois.

Tandis que vous effectuez ces divers exercices, conservez bien à l'esprit l'équation suivante : *une vie pleine = le travail + tout le reste.*

Ce rappel peut sembler futile. Pourtant, nombre d'entre nous déprécient leur vie professionnelle en la considérant comme une contrainte inévitable et pénible. Vous pouvez mieux cerner cette attitude en vous posant certaines questions, par exemple :

Y a-t-il des choses dans votre travail que vous prenez pour acquises, mais sans lesquelles vous ne jouiriez pas du même confort ?

Y a-t-il des moments où vous accomplissez une tâche tout en pensant à la prochaine et perdez ainsi tout ce que le moment présent peut vous offrir ?

Y a-t-il des gens qui vous rendent service chaque jour, que vous ne remarquez même pas et sans lesquels ce que vous prenez pour acquis disparaîtrait ?

Aujourd'hui, vous pouvez revendiquer une vie professionnelle qui vous convienne et rende votre existence plus pleine. Peut-être cela vous prendra-t-il plus de douze semaines, mais les exercices proposés contribueront à vous mettre sur la voie.

Semaine 1
La gratitude

Ma fille Mélanie passa un semestre en bateau dans le cadre d'un programme universitaire. Le vaisseau, baptisé *Universe Explorer*, partait de Vancouver, avec, à son bord, plus de six cents étudiants venus d'environ deux cent quarante établissements différents, pour une traversée de cent jours dans une dizaine de pays.

Quand elle arriva à Kobe, au Japon, elle nous écrivit un premier message électronique à propos des sushis et de ses excursions dans d'autres contrées exotiques. À mesure que le temps passait, la nature de ses courriers et conversations téléphoniques changea. Après avoir visité le Vietnam, la Chine, la Malaisie et l'Inde, ses amis et elle s'aperçurent qu'ils avaient une nouvelle vision de leur existence aux États-Unis. Ils veillaient tard et se retrouvaient le soir sur le pont pour parler de la gratitude qu'ils éprouvaient quant à leurs conditions de vie.

Puis, ils se rendirent en Afrique, au Brésil et à Cuba. Là encore, leurs discussions évoluèrent. Ils observèrent que, dans toutes les régions qu'ils avaient découvertes, quel que soit le niveau de vie des habitants, ils avaient rencontré des gens souriants et heureux, qui chérissaient leur famille et leurs amis. Ce fut peut-être la plus grande révélation de leur voyage.

Nous pouvons évoluer dans une société d'abondance ou non, mais, à part en cas de circonstances dramatiques, le lieu ne conditionne en rien la qualité humaine qu'il recèle. Et cette dernière constitue un choix. Un pneu crevé ne gâchera pas votre journée si vous éprouvez de la reconnaissance, non seulement parce que vous possédez une voiture, mais aussi et surtout parce que vous êtes en vie.

Le bonheur est une question sérieuse

Denis Prager, écrivain et animateur de télévision, a coutume de dire que le bonheur est une question sérieuse. Lorsque nous nous réveillons le matin, nous devrions remarquer les multiples bénédictions qui jalonnent notre journée et qui passent souvent inaperçues. Par exemple, nous ne souffrons pas du foie ou des poumons et il n'y a aucune raison de prendre ce fait pour acquis. Pourtant, nous nous habituons à une kyrielle de choses importantes qui sont, en réalité, des chances ou des cadeaux. La seule voie vers le bonheur est la gratitude envers tous ces présents de l'existence. Une vie pleine et épanouissante vient plus vite à ceux qui savent se montrer reconnaissants. C'est l'une des bases principales de la méthode *Fish !*

EXERCICE

Cette semaine, tenez un journal de gratitude, où vous noterez quotidiennement tous vos motifs de reconnaissance. Accordez une attention particulière aux détails que vous prenez pour acquis, mais qui pourraient disparaître en un instant. Si vous vous consacrez assidûment à cet exercice, vous aurez intégré l'état d'esprit *Fish !* dès la fin de ces sept jours. Entretenez cette habitude pour le restant de votre vie.

Dans le cadre ci-après, listez certaines des réalités les plus intéressantes dont vous ayez pris conscience et partagez-les avec un ami. Et surtout, n'oubliez pas d'être reconnaissant pour le plus grand cadeau au monde : la vie.

Bonnes raisons d'être reconnaissant(e) :

Semaine 2
Inventaire et définition d'objectifs

Vous trouverez ci-dessous figure une évaluation conforme aux critères *Fish !* Lisez-la et pensez à votre lieu de travail. Fermez les yeux et imaginez vos collègues, l'activité, l'ambiance quotidienne. Puis repensez aux histoires relatées dans cet ouvrage.

Comparez votre environnement professionnel à l'atmosphère ludique, légère et enjouée de Sprint. Rappelez-vous comment, chez Rochester Ford Toyota, la notion d'« illuminer leur journée » est appliquée. Songez au Missouri Baptist Medical Center et à la manière dont ces gens, dévoués aux autres, apprennent à « être présents ». Enfin, souvenez-vous de la Tile Technology Roofing Company, où le principe de « choisir son attitude » régit chaque instant.

À présent, complétez l'inventaire suivant en cochant le chiffre qui correspond le mieux aux quatre axiomes de la *Fish !* philosophie tels qu'ils s'appliquent à votre situation. Référez-vous aux phrases proposées pour guider vos choix.

EXERCICE : 1RE PARTIE

Jouer **1 2 3 4 5**

1 L'ambiance est si coincée que le mot « jouer » ressemble à un concept abstrait.
5 L'atmosphère est légère et enjouée. Rien que d'y penser, un sourire me vient aux lèvres.

Illuminer leur journée **1 2 3 4 5**

1 Les clients et collaborateurs sont traités avec indifférence ou comme des intrus.
5 Les clients et collaborateurs sont accueillis de telle manière qu'ils se sentent vraiment appréciés.

Être présent **1 2 3 4 5**

1 Les employés semblent si distraits qu'on aurait peine à dire s'ils vous écoutent ou non.
5 Lorsque vous parlez à quelqu'un, vous êtes le seul objet de son attention.

Choisir son attitude **1 2 3 4 5**

1 Les employés manifestent une immaturité digne d'un gamin de deux ans capricieux.
5 Le niveau de responsabilité est exceptionnel et chacun sait que son attitude dépend de son propre choix.

EXERCICE : 2^E^ PARTIE

À présent, sélectionnez le principe dont vous aimeriez améliorer la note et écrivez ci-dessous un bref commentaire à ce sujet.

Exemple : J'ai attribué 2 à « Illuminer leur journée » parce que nous avons, selon moi, beaucoup de progrès à effectuer dans ce domaine.

Puis fixez-vous quelques objectifs et engagements auxquels vous vous tiendrez cette semaine afin de faire évoluer la situation de manière positive. Il doit s'agir de choses que vous pouvez accomplir seul, sans compter sur l'aide de quiconque. Listez-en deux ou trois pour commencer.

Exemples :
Je choisirai deux collègues et chercherai une occasion de leur faire plaisir d'une manière ou d'une autre.
Je chercherai des façons de me montrer d'humeur plus légère.

À votre tour maintenant :

1.

2.

3.

Semaine 3
Jouer au travail

La semaine trois s'annonce plus facile. Au marché, les employés se lancent des poissons, chantent et plaisantent avec les clients. Chez Sprint, ils font la danse des canards, se défoulent sur de la musique disco et célèbrent les réussites de leurs collègues. Comme l'affirmait l'un des poissonniers :

– Il existe des milliers de façons différentes de jouer. Cela ne se résume pas à échanger des passes.

EXERCICE

Cette semaine, votre tâche consiste à lister toutes les façons de jouer que vous puissiez imaginer.
Rappelez-vous que le but est de créer une forme de légèreté au bureau. Observez les gens qui suscitent le sourire dès qu'ils pénètrent dans une pièce. Imaginez que vous êtes un explorateur de l'inconnu, en quête de gaieté et d'amusement.
Notez vos idées et observations. Inspirez-vous, si nécessaire, des quelques suggestions figurant ci-après.

1.
2.
3.
4.
5.
6.
7.
8.
9.
10.
11.
12.

13.
14.
15.
16.
17.
18.
19.
20.
21.
22.
23.
24.
25.
26.
27.
28.
29. Journée des chapeaux rigolos
30.
31.
32.
33.
34.
35.
36.
37.
38.
39.
40.
41.
42. Accrocher des photos de famille dans le hall d'entrée
43.
44.
45.
46.
47.
48.
49.
50.

Semaine 4
Amusez-vous !

Cette semaine, vous vous amuserez en appliquant certaines des idées précédemment listées. Choisissez-en autant que nécessaire et mettez-en une en pratique chaque jour.

Souvenez-vous que la notion de jeu ne fonctionne que dans un contexte englobant les trois autres principes : « Illuminer leur journée », « Être présent » et « Choisir son attitude ». Si vous conservez cela à l'esprit, vous resterez instinctivement dans les limites. Faire un croche-pied à une personne souffrant d'un lumbago peut sembler très amusant, mais n'illuminera sans doute pas sa journée !

EXERCICE

Notez ci-dessous les meilleurs moments de la semaine, puis faites part de votre expérience à l'un de vos collègues.

Semaine 5
Illuminer la journée de quelqu'un

Les poissonniers du marché ont le désir d'illuminer la journée des autres. Ils ont appris que la seule intention de servir contribue à susciter les occasions. Chez Tile Tech, a été découverte une formidable façon de faire plaisir aux employés tout en leur procurant un peu de plaisir. Un midi, Doug s'est rendu sur un chantier muni de trois scooters et toute l'équipe s'est amusée à faire la course. Cela constituait un excellent break et un message fort des patrons sur leur considération des ouvriers.

EXERCICE

Pensez aux personnes de votre entourage dont vous aimeriez illuminer la journée. Listez leurs noms, ainsi que les idées qui vous viennent à l'esprit pour leur faire plaisir. Puis, au moment opportun, mettez vos projets en pratique.

J'aimerais illuminer la journée de ces personnes. Voici mon idée pour y parvenir.

1. Nom : Idée :

2. Nom : Idée :

3. Nom : Idée :

4. Nom : Idée :

5. Nom : Idée :

6. Nom : Idée :

7. Nom : Idée :

Semaine 6
Actes anonymes de générosité

Filant sur l'autoroute dans le Minnesota, mon ami Carr Hagerman vit que les voitures devant lui allumaient leurs feux de détresse : douze vaches avaient envahi la chaussée, attirées par la pelouse du terre-plein central. Les véhicules poursuivaient leur route, en les évitant tant bien que mal et les pauvres animaux se rabattaient sur le côté avant de réitérer leur tentative de traverser.

Citadin de nature, Carr saisit immédiatement cette occasion d'expérience bucolique et se retrouva bientôt à rassembler le troupeau en agitant les bras et en criant à pleine voix. Les bêtes dégagèrent l'artère principale, pour bloquer une bretelle. Conscient du danger que cela représentait, mon camarade redoubla d'efforts et parvint à les diriger vers une prairie avoisinante. Tandis qu'il se tenait là, entouré de bovins énamourés, il aperçut une moto fonçant à toute allure sur la voie d'accès tout juste dégagée.

C'est alors qu'il mesura l'énormité de ce qui venait de se produire. Le jeune homme chevauchant le bolide ne saurait jamais qu'un inconnu lui avait sauvé la vie. Carr éprouva l'immense satisfaction d'avoir accompli une bonne action. Mais très vite, une autre pensée s'y substitua, le poussant à davantage d'humilité :

– Je me demande combien de personnes sont ainsi intervenues un jour sur mon parcours, de manière anonyme.

EXERCICE

Cette semaine est consacrée à ces actes anonymes de générosité dans un contexte où ils se révèlent extrêmement précieux : au travail. À l'issue de ces sept jours, notez celui qui vous a le plus marqué et parlez-en avec un ami.

Acte anonyme de générosité le plus marquant de la semaine :

Semaine 7
Être présent

Sur mon réfrigérateur figure la citation suivante : « Pourquoi ne pouvons-nous pas être présents là où nous sommes ? »

Les marchands de Seattle ne vendent pas du poisson : ils œuvrent pour l'amélioration de la vie sur notre planète et ils génèrent un commerce florissant. Ils ne pourraient pas aboutir à une telle réussite s'ils se montraient distraits, blasés, ou s'ils conversaient sur leur téléphone mobile tout en servant les clients. Leur efficacité réside dans leur présence totale à ce qu'il font, tant que le plan physique que mental.

Noël en juillet

Mon ami Jerry McNellis avait jadis souffert de la polio et fait des séjours répétés à l'hôpital pour enfants. À l'époque, les traitements modernes n'existaient pas et je l'ai interrogé sur son expérience en tant que jeune malade.

Il m'a raconté que, durant les vacances, une foule de bénévoles profitait de ces semaines de liberté pour « se rendre utile » et envahissait les couloirs de l'établissement, pour distribuer des sucreries, accompagnées de sourires furtifs et gênés aux patients. Les enfants, quant à eux, percevaient souvent ces visites comme une corvée, car elles manquaient d'un ingrédient crucial : l'engagement. Ces personnes prenaient rarement le temps d'établir un véritable échange avec eux et leur passage ressemblait davantage à un défilé anonyme, agrémenté par des bonbons.

Cependant, deux groupes apportaient une grande joie aux petits, et ce tout au long de l'année. Il s'agissait, d'une part, d'une troupe d'artistes qui invitait les pensionnaires à danser avec eux et, de l'autre, d'enfants venant d'une institution spécialisée dans les troubles psychologiques. Ces derniers organisaient notamment un Noël en plein mois de juillet et à l'occasion de cette célébration, ils jouaient, parlaient et s'amusaient tous ensemble.

Ces deux catégories d'individus savaient être présentes et cela faisait toute la différence. Par une telle attitude, on se dote d'un pouvoir considérable : celui de transformer la dynamique humaine.

EXERCICE

Cette semaine, vous vous consacrerez à être vraiment présent. Pensez à toutes les personnes que vous croisez au travail, à tous les lieux où vous vous rendez pour des raisons professionnelles.

Vous trouverez ci-dessous une liste de suggestions destinées à rendre vos interactions plus efficaces, plus agréables, moins stressantes. Vous pouvez les tester ou vous en inspirer pour imaginer vos propres idées.

À l'issue de chaque rencontre où vous vous êtes efforcé d'être présent, demandez à votre interlocuteur de réfléchir à cette expérience et de vous livrer ses réactions. Cela vous aidera à affiner votre perception et à mieux identifier vos zones potentielles de distraction.

IDÉES POUR ÊTRE PRÉSENT

- Quand quelqu'un entre dans votre bureau pour parler avec vous, prenez un court instant pour évaluer votre disponibilité. Si vous êtes trop occupé, dites-lui que le moment n'est pas opportun. Sinon, éteignez votre écran, ignorez la sonnerie du téléphone et mettez-vous à l'écoute de votre collaborateur. Dans le cas où vous attendez un appel urgent, prévenez-le à l'avance. Que votre posture reflète votre attention totale : faites, par exemple, le tour de votre bureau pour vous rapprocher de votre interlocuteur.

- Informez toujours l'autre du temps que vous pouvez lui accorder et demandez-lui s'il estime cet intervalle suffisant.

- Lors de rencontres éclairs dans un couloir, positionnez toujours votre corps de manière à ne voir que la personne en face de vous.

- Au cours de conversations soutenues, chassez de votre esprit, aussi souvent que nécessaire, tout sujet extérieur à la discussion en cours.

- N'emportez pas votre téléphone cellulaire pour le déjeuner ou, au pire, éteignez-le.

- Dans un espace ouvert, essayez de limiter votre champ de vision à votre interlocuteur. Veillez à ne pas regarder alentour.

- Appelez votre interlocuteur par son nom autant que possible, dans la mesure du raisonnable.

BONUS DE LA SEMAINE : NE VOUS NOYEZ PAS DANS UN VERRE D'EAU

Cette semaine, offrez-vous un cadeau. Lisez le délicieux petit ouvrage de Richard Carlson, *Ne vous noyez pas dans un verre d'eau.* Il vous aidera à mieux cerner votre capacité à éviter la distraction et les idées négatives.

Le fait est que vous ne pouvez pas contrôler vos pensées : elles jaillissent spontanément dans votre esprit. En revanche, vous pouvez choisir de ne pas vous y attarder, de les laisser filer comme elles sont venues et de réduire leur impact sur votre aptitude à être présent. En appliquant ce principe, vous atteindrez un degré supérieur dans ce domaine.

Prenez un moment pour identifier la pertinence et les implications dans votre expérience d'une ou deux notions développées par Carlson.

Semaine 8
Comme c'est intéressant !

Depuis plus de trente ans, l'anglais Tony Buzan, spécialiste de la recherche sur les capacités du cerveau et créateur du Mind Mapping (représentation visuelle de la pensée), surprend et ravit le public grâce à une simple phrase. Il utilise le jonglage comme une métaphore de l'apprentissage et laisse tomber une balle en s'exclamant :

– Comme c'est intéressant !

Par là, il veut montrer que l'erreur constitue une partie importante, voire indispensable, de ce processus. Dès lors, au lieu de considérer l'incident comme un échec et de se dire : « Zut ! Je n'y suis pas arrivé ! » mieux vaut penser : « Comme c'est intéressant ! » et essayer à nouveau.

Dans un monde hyperactif comme le nôtre, être présent se révèle un défi très ardu. Nous sommes assaillis par toutes sortes de distractions et de pressions qui nous dévient de notre tâche pour nous plonger dans le chaos ambiant. Lorsque cela se produit, ayez le réflexe de songer :

– Je voulais aller à la Bastille et j'ai pris le bus en direction inverse ! Comme c'est intéressant !

Quand ma fille Beth avait quatre ans, elle m'a demandé de l'emmener au parc. Je lui ai répondu :

– D'accord !

J'en avais vraiment envie, mais, compte tenu de mon emploi du temps surchargé, j'ai remis la promenade à la semaine suivante. Un an plus tard, je me suis aperçu que je n'avais toujours pas tenu ma promesse. Lors d'une de mes interventions professionnelles, j'ai relaté cette anecdote et une semaine après, j'ai reçu un courrier émanant d'un jeune père. Ce dernier me racontait qu'il s'était engagé auprès de ses deux fils à camper en forêt et que mon histoire avait provoqué en lui un déclic soudain. Il s'était dit :

– Comme c'est intéressant ! J'adore mes garçons et j'aime partager des moments avec eux. Aujourd'hui, je m'aperçois que nous avons discuté de ce projet d'excursion depuis déjà des mois !

Le week-end même, ils partaient tous trois planter leur tente dans les bois.

Pour être présent, il faut avoir conscience du stress et de la confusion qui caractérisent notre société. Dans un tel contexte, vous ne manquerez pas de vous égarer. Lorsque cela vous arrive, la seule réaction raisonnable consiste à penser : « Comme c'est intéressant ! » et à renouveler vos efforts.

Lecture de la semaine : une citation de Thomas Merton

« La course effrénée et la pression de la vie moderne sont une forme, peut-être la plus courante, de violence intériorisée. Se laisser emporter par une multitude de questions antagonistes, répondre à un trop grand nombre d'exigences, s'engager dans de multiples projets, chercher à aider tout le monde dans tous les domaines revient à succomber à cette violence. Pire encore, cela équivaut à la cautionner. La frénésie de l'activiste neutralise sa contribution à la paix. Elle détruit son aptitude innée à l'harmonie. Elle détruit les fruits de son ouvrage, car elle anéantit la racine même de la sagesse intérieure qui rend tout travail fructueux. »

EXERCICE

Passez cette semaine à vous efforcer d'être dans un endroit à la fois et à apprendre l'une des leçons les plus fondamentales de l'existence. Le lieu renfermant le moins de tension ou d'anxiété est l'instant présent.

Si vous vous surprenez à vous inquiéter de l'avenir, songez seulement : « Comme c'est intéressant ! » Puis, après une grande inspiration, revenez dans l'ici et maintenant.

Si vous travaillez sur un projet tout en pensant à un autre, accordez-vous une courte pause et choisissez la tâche à laquelle vous consacrerez toute votre attention.

Si vous vous sentez angoissé par tout ce que vous avez à faire et que cela vous empêche d'emmener votre fille au parc, vos garçons en forêt ou votre partenaire au restaurant, répétez-vous encore : « Comme c'est intéressant ! » et replongez-vous dans le présent.

Vous verrez combien c'est une sensation merveilleuse. Peu importe la nature de votre décision, du moment que vous êtes pleinement engagé dans votre action. Ne restez pas là à vous morfondre et à vous torturer. Cela ne vous apportera rien qui vaille. Intéressant, non ?

Semaine 9
Jeu de cartes

La leçon la plus édifiante que m'ait apprise mon collègue Carr Hagerman puise sa source dans son expérience du théâtre. Un jour, il m'a dit :

– Un individu qui *joue* un rôle n'est pas intéressant. Un acteur doit *être* le protagoniste qu'il incarne.

Après mûre réflexion, j'ai compris à quel point il avait raison. Les meilleurs comédiens intègrent les émotions, sentiments, traits de caractère de leur personnage. Roméo et Juliette viennent peut-être de passer des heures dans les embouteillages ou de se disputer avec leur famille. Il n'empêche que, sur scène, rien de tout cela ne transparaît. Nous possédons tous cette aptitude. Cela prouve, selon moi, la force de notre libre arbitre.

Pour vous préparer à votre plus grand rôle, celui de votre vie, vous pouvez vous inspirer de la sphère du spectacle.

Imaginez un jeu de cartes parmi lesquelles vous choisiriez votre disposition d'esprit. Il s'agirait d'un ensemble de fiches sur lesquelles figureraient, d'un côté, le nom d'une attitude et, de l'autre, des mots, images ou phrases aidant à retrouver l'état intérieur correspondant, de manière à « être » cette attitude.

Par exemple, en ce qui me concerne, je mettrais, pour la sérénité, un de mes paysages de montagne favoris ; pour la patience, une photo de mon chien, capable d'attendre des heures le biscuit que je tiens dans la main ; pour la gratuité et l'amour inconditionnel, une citation de Mère Teresa ; pour l'humilité, un extrait du fameux poème de Rudgard Kipling qui se termine par *Tu seras un homme, mon fils*, et ainsi de suite.

EXERCICE

Cet exercice se divise en deux parties. Premièrement, réalisez les cinq premières cartes de votre jeu d'attitudes (des fiches bristol ou des cartes de visite vierges feront l'affaire) en choisissant les cinq caractéristiques que vous aimeriez manifester plus souvent dans votre existence.

Puis, contentez-vous de les regarder à des moments fixes de la journée (par exemple, toutes les heures ou chaque fois que le téléphone sonne). Demandez-vous alors : « Quelle attitude ai-je en cet instant ? Vaudrait-il mieux que j'en adopte une figurant dans mon jeu ? » Si vous n'aimez pas votre disposition du moment, choisissez-en une autre, en ayant préalablement pris soin d'identifier et de noter le nom de celle que vous désirez abandonner.

Inventaire d'attitudes

L'attitude que j'ai en ce moment	L'attitude que je choisis

Semaine 10
L'importance de choisir son attitude, quelle qu'elle soit

Au sein d'une manufacture de vêtements du Midwest, a été installé un panneau sur lequel sont épinglées des étiquettes désignant toutes sortes d'attitudes mises à la disposition du personnel. Nombre d'entre elles désignent des comportements très louables tels que : « paisible », « patient », « positif », « dynamique », « attentionné », « sensible », « productif », « aimant ». Cependant, celle qui remporte le plus de suffrages, au point d'être chaque jour prélevée par l'un des salariés, est : « énervé ».

L'idée centrale de cette semaine consiste à bien se dire qu'il ne s'agit pas de choisir une attitude *positive*, mais de *choisir* tout court. À certains moments, le poids de l'existence ne vous permet pas de vous montrer sous votre meilleur jour. C'est le propre de la nature humaine. Cependant, le seul fait de rester conscient que votre comportement découle d'un choix vous entraînera dans une direction déjà plus satisfaisante.

Wendy et Gwen, directrices de la distribution chez ChartHouse, assument la tâche, ô combien difficile, de gérer un réseau international de partenaires. Dans leur bureau, elles ont accroché, sur un mur, une carte du monde, et sur l'autre, un tableau sur lequel elles affichent, chaque matin, leur attitude de la journée. Et si, le plus souvent, on y lit des mots comme

« confiante » ou « énergique », il arrive aussi d'y voir « frustrée » ou « épuisée ». Peu importe la caractéristique qui y figure, le principal étant que celle-ci soit visible par tous, pour rappeler à la collectivité que chacun choisit son attitude.

EXERCICE

L'idée de cette semaine est aussi simple que percutante. Accrochez un tableau blanc bien en évidence à la porte ou sur un mur de votre bureau et inscrivez-y régulièrement l'attitude que vous choisissez.

Observez si votre exemple fait des émules.

Semaine 11
Votre record du monde personnel

Savez-vous que je suis détenteur d'un record du monde ? Eh oui ! Aujourd'hui, vous me voyez chauve, pesant cent vingt kilos et dans la soixantaine. Et pourtant, il fut un temps où j'étais chauve, pesant cent vingt kilos et dans la cinquantaine !

En 1993, je me suis inscrit à la course Hubba Bubba de Lafayette en Louisiane. Il s'agissait d'un cross de huit kilomètres réservé aux plus de cent kilos. Je me qualifiai donc aisément pour la compétition. Sur la ligne de départ, je pus m'apercevoir, d'après la couleur des dossards, que nous n'étions que cinq à courir dans la même catégorie. J'avais jaugé mes concurrents : deux d'entre eux étaient plus lourds que moi, ce qui constituait pour eux un sérieux handicap. Une fois l'épreuve commencée, j'atteignis un rythme de croisière assez performant que je parvins tant bien que mal à soutenir. Cependant, j'étais toujours devancé par mes deux autres homologues, plus légers que moi. Or, peu avant la fin, l'un d'entre eux trébucha, le second se heurta à lui et je pus franchir la ligne d'arrivée en un temps honorable de trente-cinq minutes quarante secondes. J'étais devenu champion du monde. Ce fut la dernière fois que cette épreuve fut organisée. Par conséquent, je peux encore aujourd'hui me prévaloir de cet exploit !

« Où veut-il en venir ? » vous demandez-vous sans doute. Pour employer une métaphore halieutique, si vous nagez dans une petite mare, vous pouvez être un gros poisson. En ce sens, vous êtes, d'une manière ou d'une autre, champion du monde. Et d'ailleurs, vous détenez, vous aussi un record non négligeable : celui d'être vous-même ! Chaque fois que vous progressez, vous battez votre propre record. Alors, pourquoi ne pas viser plus haut ?

Nous faisons tous des choses, mais qui sommes-nous quand nous les accomplissons ?

Cette onzième semaine est consacrée au fait de battre les nombreux records du monde que vous détenez déjà, comme, par exemple, celui de la contribution la plus positive à votre atmosphère de travail.

EXERCICE

Si vous avez besoin d'inspiration pour commencer, posez-vous la question suivante : « Comment serais-je si je devais battre mon propre record personnel ? » Listez les principaux rôles que vous jouez dans votre existence et notez vos points forts pour votre prochaine auto-évaluation.

Le rôle que je joue…	Mon nouveau record du monde…

Semaine 12
L'étincelle contagieuse

La première année où je travaillais à Camp Courage, je fus désigné responsable du Bungalow 3 des garçons. Ces enfants de huit et neuf ans, débordants d'énergie, souffraient de tout un éventail de handicaps physiques et mentaux. Pourtant, ils partageaient une gaieté inébranlable. Parmi eux, je n'oublierai jamais un dénommé Beaver.

Ce gamin édenté, atteint de dystrophie, avait du mal à se tenir assis, car il ne possédait pas la force musculaire nécessaire. Le deuxième jour, le garçonnet annonça, avec le sourire permanent qui le caractérisait, qu'il désirait partir en promenade, non pas sur les allées qui jalonnaient le site de la colonie, mais dans les bois avoisinants. Quand vous êtes un moniteur de dix-sept ans, vous imaginez des solutions que vous n'oseriez jamais envisager à l'âge adulte. Nous avons donc enveloppé Beaver dans des serviettes de bain, en guise de rembourrage, et tout notre groupe s'est mis en branle. Imaginez une petite troupe, comprenant quatre fauteuils roulants et six paires de béquilles, avançant en file indienne entre les buissons. Une heure plus tard, nous étions de retour. Les gosses étaient tout excités et Beaver ne se lassait plus de parler de cette escapade. Dans le bus qui nous raccompagnait chez nous, à la fin du séjour, il racontait encore cet exploit.

L'été suivant, tandis que je préparais le prochain séjour, je cherchai son nom dans la liste des inscrits, mais il n'y figurait pas. Il n'avait pas passé l'hiver : sa maladie avait eu raison de lui.

Je repense souvent à ces enfants qui ne revinrent jamais à Camp Courage, à mes coéquipiers de football qui ne sont pas rentrés du Vietnam, à d'autres amis qui nous ont quittés prématurément. L'existence est tellement précieuse et pourtant, nous la parcourons comme si nous étions toujours en transit vers un ailleurs plus ou moins meilleur, sans jamais nous attarder sur l'ici et maintenant. Quel gâchis !

Le dernier exercice de cet ouvrage consiste à apprécier pleinement l'instant présent, à honorer ce don inestimable qu'est la vie, à attirer par votre passion l'attention de ceux qui vous entourent. Peut-être votre exemple suscitera-t-il des échanges authentiques et permettra à un ou plusieurs individus de mesurer la valeur de ce cadeau dont chaque seconde mérite d'être savourée.

EXERCICE

Trouvez un objet à porter sur vous, qui vous rappellera votre engagement à vivre pleinement votre existence et qui intriguera votre entourage. Chaque fois que quelqu'un vous demandera pourquoi vous arborez ce chapeau en forme de pieuvre, vous aurez l'occasion de réaffirmer votre vision personnelle et de faire jaillir une étincelle dans le cœur et l'esprit d'autrui. Au fil du temps, vous constaterez combien cela renforce votre conviction.

Lorsqu'on vous interrogera sur votre moral d'acier, parlez du choix que vous faites à chaque moment. Peut-être cela incitera-t-il votre interlocuteur à adopter une nouvelle perspective.

Et chaque fois que se présente l'occasion d'aider l'un de vos semblables à découvrir son propre potentiel, prenez le temps de le faire. Cela constituera sans doute le plus bel héritage que vous lèguerez sur cette terre.

Je vous souhaite, du fond du cœur, de mordre la vie à pleines dents, avec un enthousiasme chaque jour renouvelé

Remerciements

Je réfléchissais à tous ceux qui avaient contribué à l'élaboration de cet ouvrage lorsqu'une vieille blague me revint à l'esprit :

« Combien faut-il d'auteurs pour écrire un livre ? »

« Un pour tenir la plume et douze autres pour tourner les pages ! »

Concernant celui-ci, nous avons été deux à tenir la plume : Phil Strand et moi-même. Les histoires que nous relatons émanent de sources diverses. Certains nous ont été racontées lors de nos interventions. J'ai découvert l'extraordinaire environnement du Missouri Baptist Medical Center au cours d'une conférence que j'y ai donnée. Phil, quant à lui, a interviewé des dizaines de personnes dans les entreprises citées au fil de ces pages et a rédigé nos petites chroniques. Toutes les anecdotes et tous les noms sont authentiques. Nous sommes profondément reconnaissants à l'égard de ces héros du quotidien qui ont pris le temps de partager avec nous leur expérience et leur point de vue. Nous tenons aussi à remercier Lisa Franklin, Monica Evans-Trout, Rob Gregory et Sheila Reed d'avoir organisé bon nombre d'entretiens.

Notre co-auteur John Christensen a produit la série de documentaires intitulée *Fish ! Tales*, qui présente des sociétés ayant adopté la philosophie *Fish !* et dont sont tirées la plupart des illustrations des divers principes (à l'exception d'une). Ont également contribué à la réalisation de ces films Carr Hagerman, Robb Harriss, Chris Ohlsen, Laurie McKichan et Mark Davis.

John a créé son entreprise, ChartHouse Learning, dans le dessein de rassembler et de répertorier le maximum de témoignages qui nous parviennent par téléphone ou via Internet. Le slogan de cette organisation est le suivant : « Raconter des histoires qui changent le monde ». Beaucoup d'exemples cités dans ce livre découlent de conversations entre le personnel et les clients de ChartHouse Learning. Merci donc à Cindy Amberger, Ken Chalupsky, Harry Geist, Sarah Gilmore, Gwen Heard, Wendy Koch, Jessica Kovarik, Sharon Kuubits, Anne LaDue, Rick Palmerton, Russell Peterson, Jill Schuerman et P. J. Wester.

Pour le développement et la maintenance de nos sites web, nous remercions toute notre équipe de marketing et communication, notamment Allison Donahue, Phil Hoeschen, Jackie Johnson, Patrick North, Betsy Perkins et Mike Wilson.

Parmi les employés qui assurent le fonctionnement de Charthouse, nous saluons Robin Arndt, Kate Berning, Chuck Bragg, Loretta Engle, Pat Gurnon, Peggy Hanson, Sean Haugen, Tiew Inthirath, Kelly Julius, Kevin Mowery, Candy Sharkey, Randy Sims, Ben Tipler et Holly Wartnick, ainsi que Kate et Bethany Kovar qui ont transcrit certains entretiens. Merci aussi à Mick Lunzer d'être simplement lui-même.

Notre co-auteur Harry Paul nous a enrichis de ses sages conseils commerciaux et de ses talents rédactionnels. En outre, cette année, il a réalisé une tournée de conférences au sujet de *Fish !* et a collecté, entre ses séances de musculation, nombre de témoignages de personnes qui cherchent à améliorer leur environnement professionnel.

Parmi ceux qui ont tourné les pages tandis que Phil et moi tenions la plume, nous aimerions citer le meilleur éditeur de l'univers, Will Schwalbe, ainsi que la formidable équipe de la maison Hyperion, à savoir : Bob Miller, Ellen Archer, Michael Burkin, Jane Comins, Caroline Skinner, Jill Sansone, Corinna Harmon, Sharon Kitter, Mike Rentas, Kiera Hepford et Mark Chait. Nous sommes particulièrement heureux qu'en dépit de sa promotion à la direction éditoriale, Will ait continué à participer au projet *Fish !* et nous ait gratifiés de ses précieuses compétences. Nous n'oublions pas non plus le téméraire Bob Miller qui nous a suggéré le thème du présent ouvrage.

Quand un auteur imagine l'agent idéal, il se représente quelqu'un comme Margret McBride, de McBride Agency. Nous mesurons notre chance de l'avoir à nos côtés. Son expérience dans l'édition, son talent d'écrivain et son dévouement nous ont été extrêmement précieux.

Finalement, nous exprimons notre gratitude à nos trois merveilleux collaborateurs, Ray Christensen, Carr Hagerman et Kris Brooks. Ray, le patriarche et fondateur de ChartHouse, a passé sa vie à récolter les recettes magiques nécessaires à la réalisation de superbes films et me les a transmises sans hésiter. Lorsque John et lui m'ont invité à intégrer ChartHouse, ils m'ont mis sur la voie de la créativité qui a conduit à l'élaboration de *Fish !* Merci Ray ! Tu incarnes la valeur de la curiosité et la société que tu as créée en est le symbole parfait.

Carr m'a appris à voir le monde à travers le regard d'un artiste des rues et les expériences que cette perspective à engendrées se sont révélées aussi riches que gratifiantes. Quant à Kris, elle nous a offert son soutien constant au travers de sa foi inébranlable, de ses qualités administratives et de son imagination débordante.

Un dernier mot à l'intention de nos familles : vous nous prodiguez, jour après jour, votre amour inconditionnel. Que pourrions-nous souhaiter de plus au monde ?

Steve LUNDIN
Docteur ès *Fish !*
Tahiti (je plaisante !)
Monte Carlo (si seulement !)
Lutsen, Minnesota (eh oui…)
Automne 2001

Pour en savoir plus sur *Fish* !

Charthouse Learning a mis au point divers types de supports (ouvrages, documentaires, conférences, outils) afin de vous permettre de tirer les bénéfices de la *Fish !* philosophie. Pour tous les détails, vous pouvez visiter le site Internet :

www.fishphilosophy.com

Si vous appliquez la méthode *Fish !* au travail et souhaitez nous faire part de votre expérience, contactez-nous à l'adresse suivante :

fishtales@charthouse.com

Enfin, pour découvrir les programmes proposés par Charthouse Learning et destinés à enrichir votre approche du travail et de l'existence en y insufflant davantage de sens et d'énergie, connectez-vous sur la page d'accueil :

www.charthouse.com

SOMMAIRE